El camino de CI/CD

Todos los pipelines de CI/CD inician aquí.

Por Jaivic Villegas

Agradecimientos

Quiero expresar mi más sincero agradecimiento a todas las personas que han contribuido de manera significativa a la creación y finalización de este libro.

En primer lugar, quiero dar las gracias a Sura Cedeño , que ha sido mi apoyo incondicional a lo largo de todo este proceso. Gracias por creer en mí y por alentarme a seguir adelante, incluso en los momentos de duda, también por el esfuerzo de pulir este manuscrito y convertirlo en una obra terminada . Su amor y paciencia han sido fundamentales.

También quiero mostrar mi gratitud a mis amigos y colegas que han brindado su apoyo y han compartido sus conocimientos a lo largo de este viaje. Sus comentarios y sugerencias han enriquecido enormemente este libro.

No puedo olvidar mencionar a mis lectores y suscriptores, quienes con su interés y entusiasmo son el motivo principal de este proyecto. sus palabras de aliento y apoyo son un incentivo constante para seguir explorando y compartiendo conocimientos.

Por último, pero no menos importante, quiero agradecer a todos aquellos que, de una u otra manera, han estado involucrados en este proceso de creación.

Este libro no habría sido posible sin cada una de las personas mencionadas anteriormente. Mi más profundo agradecimiento a todos.

También quiero agradecer a los creadores de las herramientas de inteligencia artificial Chatgpt y Midjourney herramientas que potenciaron y facilitaron la creación del libro.

Espero que este libro sea de utilidad, inspiración y entretenimiento para aquellos que lo lean, y que pueda contribuir de alguna manera al conocimiento y bienestar de quienes lo encuentren.

Con gratitud y aprecio,

Jaivic Villegas

Prólogo

Mi entrada en el mundo de Devops y la automatización de despliegues resultó frustrante debido a la gran cantidad de nombres de aplicaciones, así como a la abrumadora cantidad de conceptos, estrategias y términos de moda que encontré. Pasé meses aprendiendo sobre la marcha, ya que, debido a circunstancias de la vida, me incorporaron a un equipo de Devops en la empresa debido a la falta de personal calificado. Afortunadamente, ya había mostrado habilidades en automatización, lo cual me llevó a esta nueva responsabilidad.

Mis nuevos retos me llevaron a darme cuenta de que aunque hay mucha información en internet no hay una ruta fácil de seguir, me di cuenta de que en Internet existen miles de fuentes y es fácil perderse en el mar de información. Entonces, ¿cómo podemos trazar un camino claro para guiarnos y avanzar en este mundo tan complejo? ¿Cómo podemos aprender lo justo y necesario para poner en práctica nuestras habilidades? Además, ¿qué debemos estudiar para poder entender a nuestros colegas en reuniones técnicas?

En los siguientes párrafos, intentó abordar todas estas preguntas y más. Estoy escribiendo este libro con la firme intención de que se convierta en tu guía de referencia en todo lo relacionado con CI/CD y Devops. A través de sus páginas, encontrarás las herramientas, conceptos y estrategias fundamentales que te permitirán adquirir los conocimientos necesarios para aplicarlos de manera práctica.

Iniciemos con lo más básico

Necesito que estemos alineando en torno a tres conceptos básicos: código fuente, artefactos y ambiente. Permíteme proporcionarte una breve explicación de cada uno de ellos.

Código fuente: son todos los archivos con código de programación que conforman una aplicación sin importar el lenguaje de programación.

Un artefacto es el resultado del procesamiento de tu código fuente. Cuando compilas tu código fuente, el artefacto generado es un archivo ejecutable (en el caso de lenguajes compilados). Sin embargo, si tu código está escrito en un lenguaje interpretado, el artefacto será un conjunto de archivos que, cuando se agrupan, pueden ejecutarse.

Desde ahora en adelante, cuando hable de artefacto imagina algo que se puede ejecutar, "una aplicación en potencia".

Un ambiente es un espacio aislado en el que se pretende levantar una aplicación para su posterior uso. Por ejemplo, los desarrolladores necesitan preparar su computadora portátil o de escritorio para ejecutar la aplicación que están construyendo o mejorando. Para hacerlo, los desarrolladores instalan software de programación o bajan dependencias o archivos necesarios para que su app pueda ser construida correctamente y pueda correr correctamente, y a esto se le llama "preparar el ambiente". En este caso, la computadora portátil o de escritorio se convierte en un ambiente local.

Cada ambiente puede tener configuraciones, recursos y requisitos específicos para que la aplicación funcione correctamente. Es importante asegurarse de que los artefactos y la configuración del ambiente sean coherentes para garantizar una implementación exitosa.

Desde ahora en adelante, cuando hablemos de ambiente, quiero que imagine que alguien ha creado un espacio aislado especializado para desplegar alguna aplicación.

Y no te preocupes por el nombre del ambiente, hay infinidad de ambientes y cumple diversas funciones en todo el ciclo de vida de software, así que podremos tener ambientes de todo tipo, como ambientes de pruebas, ambientes de estrés, ambientes de desarrollo, ambiente de producción, etc.

En el mercado existen muchas definiciones de ambiente, y poco a poco iremos comentando sus nombres y roles en el despliegue. Pero por ahora, continuemos explorando conceptos clave en el mundo de la tecnología.

Introducción a la integración, despliegue y entrega continua

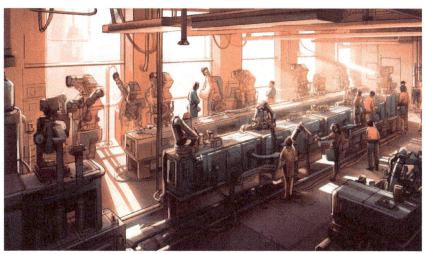

¿Qué significa cada uno de estos tres conceptos?

Son tres prácticas fundamentales en el desarrollo de software que buscan automatizar y acelerar el proceso de construcción, prueba y despliegue de aplicaciones.

La integración continua se refiere a la práctica de integrar el código generado por los diferentes desarrolladores en un repositorio compartido de manera frecuente, generalmente varias veces al día. Esto permite detectar errores de integración tempranamente y asegurar que el código generado por los diferentes desarrolladores se integre sin conflictos.

Por otro lado, la entrega continua se refiere a la práctica de preparar el software para su despliegue en cualquier ambiente de manera automatizada y continua. Esto implica que todo el proceso de construcción, prueba y de entrega de la aplicación se realiza de forma automatizada, reduciendo el tiempo necesario para llevar una nueva funcionalidad desde el desarrollo hasta un lugar seguro y guardarlos hasta que otro proceso lo despliegue en algún ambiente.

El despliegue continuo es el proceso de tomar los resultados de los procesos anteriores y llevarlos a un entorno donde se ejecutan comandos para desplegar la nueva aplicación en el sitio correcto. Estas prácticas trabajan juntas para integrar y desplegar nuevas funcionalidades de manera eficiente y confiable en el menor tiempo posible. En conjunto, forman una metodología de desarrollo ágil conocida como integración y despliegue continuo (CI/CD, por sus siglas en inglés).

¿Por qué es importante la integración y despliegue continua en el desarrollo de software?

En el desarrollo de aplicaciones hay muchas partes y personas involucradas, es muy fácil que algo se configure mal o se gestione de diferente manera a la que debería, por esto el hecho de automatizar algo tan relevante como el sistema de integración del código y despliegue en los ambientes suma un valor increíble.

En la práctica, cuando implementas CI/CD en empresas de desarrollo de aplicaciones, permiten una reducción de tiempo de entrega, también genera un aumento de la calidad del software y aunque no lo creas y no se vea tan fácilmente, disminuyes la cantidad de errores

El proceso de CI/CD es automático, es decir, luego de generar un "pipeline de despliegue" lo que se ha creado es una pieza de código que permite de forma automática pasar tu código de un lugar a otro y que los desarrolladores tengan poco o nulo que ver con el proceso. Esto hace que existan menos posibilidades de que el famoso error humano aparezca.

> Cuanto menos intervención manual haya en el proceso de despliegue, menor será la probabilidad de errores en dicho proceso.

Nosotros los humanos somos susceptibles a factores externos que no tiene nada que ver con el proceso de desarrollo, por esto es muy fácil que algo por descuido o despiste se configure mal, basta con poner un número mal o un archivo copiado a otra carpeta y un despliegue puede salir muy mal. Esto es evitable; gracias a que podemos automatizar los procesos de despliegue.

Incluso los pipelines de despliegues pueden llegar a ser muy avanzados, que podrían analizar código o analizar comportamiento del software para evitar fallos en ambientes diseñados para los clientes, los bien llamados ambientes productivos.

Por ahora no quiero profundizar en los pipelines avanzados, pero quiero que tengas en mente que si existen; podrías tener un super pipeline que ejecutara análisis de seguridad y pruebas de comportamiento de tu aplicación para reducir muchos fallos y errores.

Bueno, por si te preguntas te dejo una lista de los beneficios de implementar CI/CD:

* Obtenga una ventaja competitiva en el mercado a través de lanzamientos rápidos de productos

* Reducir el tiempo de comercialización del producto.
* Le permite recopilar comentarios de los clientes mucho más rápido
* Elimina errores manuales
* Reduce mano de obra y costos
* Mejora la calidad del código
* El producto es más confiable debido a las pruebas de automatización.
* Permite a los desarrolladores saber qué cambios en la compilación pueden romper el código y evitarlos en el futuro.

Los desarrolladores pueden concentrarse en escribir los requisitos comerciales en lugar de preocuparse por los problemas de implementación y compilación.

El control de calidad, los equipos de productos y otras partes interesadas tienen fácil acceso a la última versión del producto

Volver a una compilación anterior en caso de un problema es una acción fácil de hacer.

Un circuito de retroalimentación rápido ayuda a una organización a generar una cultura de aprendizaje y responsabilidad

Ya hablamos de cosas importantes y listamos los beneficios de crear pipeline de CI/CD, ya podemos seguir con el siguiente paso, AHORA, debemos saber que es lo mínimo necesario que podemos tener en un pipeline de CI/CD.

Lo mínimo necesario para crear un pipeline de CI/CD

En este capítulo vamos a enfocarnos en los elementos fundamentales que se necesitan para generar un pipeline de integración y entrega continua. PERO solo lo mínimo, nos saltaremos pasos avanzados que también son importantes, porque la intención es quitarle la complejidad al proceso, y mostrar solo lo necesario para hacer un pipeline completo.

Lo crucial aquí es recordar que no debes pensar que los otros pasos avanzados son descartables, porque **no** son descartables, solo los dejaré afuera para dar énfasis en los cimientos del proceso, en esas cosas que si faltan el pipeline no puede ser un pipeline.

También es valioso aclarar justo en este punto. Que existe montón de herramientas en el mercado, unas quizás mejores que otra en resolver escenarios específicos, los cuales no podemos abarcar en un libro ni siquiera en varios; Así que nombraré y explicaré los que están de moda y son tendencias en el momento de la publicación de este libro, disculpe si esto ha cambiado, pero no puedo predecir el futuro, confío que podrás entender las cualidades de las herramientas de las que hablo y compararla con aquella que esté de moda en tu tiempo.

Desencadenadores o gatilladores

Este nombre tan peculiar define a todos esos eventos que disparan la ejecución del pipeline de CI/CD. es como el fuego que enciende una mecha; Los desencadenadores pueden ser manuales o automáticos, y pueden incluir eventos como la confirmación de cambios en el código, la finalización de la construcción de una imagen de contenedor, la creación de una nueva rama en el repositorio de control de versiones, entre otros. En este apartado hablaremos de ellos y de las herramientas involucradas.

Los pipelines necesitan algo que le avise que deben iniciar, pero en la práctica esto puede variar un montón. El caso que más se repite es el gatillador de una herramienta de control de versiones.

Para entenderlo primero debemos hablar de la herramienta.

Herramienta de control de versión

Existe una herramienta que permite centralizar todo el código de múltiples desarrolladores, esta herramienta tiene mecanismos para administrar versiones y podríamos crear libros sobre ellas, son muy complejas y han hecho el mundo del desarrollo mucho más fácil. La más famosa hasta ahora es GIT y hay un montón de versiones tanto privadas como públicas. Existen Github, Gitlab, Bitbucket, y cada nube tiene su propia versión un poco más privada y segura. Cada versión en el mercado tiene sus propias características que las hacen únicas.

Git se utiliza para realizar un seguimiento de los cambios en el código fuente y los archivos de un proyecto, lo que permite a los desarrolladores colaborar en el mismo código sin interferir en el trabajo de los demás. Esto se logra a través de la creación de repositorios, que son almacenamientos de archivos que contienen el historial completo de cambios ejecutados en el proyecto.

Una de las principales ventajas de Git es su capacidad para trabajar de forma distribuida, lo que significa que cada desarrollador tiene una copia completa del repositorio en su máquina local. Esto permite a los desarrolladores trabajar de forma aislada y ejecutar cambios sin afectar el trabajo de los demás, y luego fusionar sus cambios con el repositorio principal de forma segura.

Git también cuenta con una gran cantidad de herramientas y comandos que facilitan el trabajo de los desarrolladores, como la creación de ramas para trabajar en características separadas del código, la realización de fusiones para integrar cambios de diferentes ramas, la resolución de conflictos de fusión y la realización de retrocesos en caso de errores.

El desencadenador principal es un poquito difícil de ver. Pero, basta con que un desarrollador suba un cambio al repositorio principal a una rama específica y esto genera un evento que otra herramienta tomará como inicio para continuar con el pipeline CI/CD; otra herramienta se comunicara con GIT y descargara todo el código con el nuevo cambio del repositorio y rama que generó el evento y procederá a iniciar el pipeline.

Otros desencadenadores:

Como te comente párrafos antes podemos tener desencadenadores tanto manual como automáticos, vamos a echarle una rápida mirada a varios de ellos:

⚡ **Cron:** Es un desencadenador automático que se utiliza para programar tareas en función de un horario específico, por ejemplo, ejecutar pruebas automatizadas todas las noches a las 12:00 a.m.

⚡ **Webhooks**: Son gatilladores que se emplean para recibir notificaciones de eventos que ocurren en otros sistemas. Por ejemplo, cuando se realiza un cambio en las credenciales de alguna base de datos , se puede configurar un webhook para que dispare un nuevo proceso de compilación en un servidor de CI/CD, pero también puede ser producto de cualquier otro producto o directamente de una acción humana. Imagina un botón en una página web que de ser presionado ejecuta una notificación a un webhook y este a su vez dispara el pipeline.

⚡ **Eventos de integración de herramientas**: Muchas herramientas de desarrollo ofrecen eventos de integración que pueden desencadenar un proceso de CI/CD, por ejemplo, un evento de "cambio de estado" en un sistema de seguimiento de errores puede desencadenar la ejecución de pruebas automatizadas.

⚡ **Integraciones de terceros**: Muchas herramientas de CI/CD se integran con otros servicios en línea, como Slack o Trello, que pueden desencadenar procesos de CI/CD en función de los eventos que ocurren en esas herramientas.

Orquestadores

Son todas esas herramientas que permite trabajar/ procesar los pasos que generan un ejecutable, es decir, esas herramientas que pueden ir paso a paso organizando y ejecutando cada unos de los pasos que lleven a construir la aplicación, también llamados orquestadores.

Un orquestador o procesador es capaz de usar otras herramientas con el fin de generar un ejecutable de tu aplicación, por ejemplo imagina que quieres desplegar tu aplicación hecha en Golang, el procesador tomaría los archivos del repositorio GIT y con los paquetes de Golang correría los comandos de construcción "*go build* ." Y si todo va bien tendríamos un ejecutable listo en el disco duro de tu herramienta procesadora que posteriormente sería movido, copiado o ejecutado en algún ambiente para su uso.

Así que tu herramienta procesadora estará encargada de orquestar diversas tareas, no solo la descarga y construcción de tu código, sino que usará otras herramientas para hacer análisis en el código, incluso podría estar capacitada para comunicarse con los responsables mediantes notificaciones o con herramientas de registros de Docker, o herramientas como clúster de Kubernetes para intentar desplegar el resultado de la construcción.

Estos procesadores pueden variar desde herramientas simples como script que emplean comandos de Git y de compiladores, hasta software personalizados que realizan tareas más complejas.

Para que un procesador sea bueno o usable, debería cumplir con los siguientes:

Integrable con herramientas: deberías poder integrales con herramientas adicionales y así puedas adaptarlo a los gatilladores, compiladores, notificadores y procesos de despliegues que tu aplicación necesite.

Que se pueda utilizar script: tu procesador debería permitirte escribir scripts o programar pasos para que puedas organizar, que debe hacer y en qué momento.

Que se le puedan pasar variables: tu procesador debería aceptar datos externos como por ejemplo, credenciales, nombres de ambientes o rutas como webhook o URL de otras herramientas.

Para darte una idea más profunda de que podría hacer tu herramienta procesadora/orquestadora

✓ Usar herramientas de descargar de código fuente
✓ Usar herramientas gestionadoras de dependencias
✓ Usar herramientas de compilación
✓ Usar herramientas de análisis de código estático
✓ Usar herramientas de análisis y pruebas
✓ Usar herramientas de empaquetado y despliegue
✓ Usar herramientas de análisis de seguridad

Los procesadores son una parte crucial de un pipeline de CI/CD, ya que hacen las diferentes tareas necesarias para compilar, probar y desplegar el código fuente. La elección de los procesadores adecuados puede marcar una gran diferencia en la eficacia del pipeline y en la calidad del software resultante.

Nota:revisa el apartado de herramientas donde hablaré de herramientas de procesado y orquestación.

Notificadores

Los notificadores son una parte importante de un pipeline de CI/CD, ya que permiten que los desarrolladores y el equipo de operaciones reciban notificaciones y alertas en tiempo real sobre el estado del pipeline y del software resultante. Los notificadores pueden enviar mensajes de correo electrónico, mensajes de texto, notificaciones push a través de una aplicación móvil o integrarse con herramientas de comunicación como Slack.

La importancia de los notificadores radica en que permiten a los desarrolladores y al equipo de operaciones estar al tanto del estado del pipeline y del software resultante en todo momento. De esta manera, pueden identificar y abordar rápidamente cualquier problema o error que surja durante el proceso de construcción, pruebas y despliegue. Además, pueden ser configurados para proporcionar información específica, como errores de compilación, fallos en las pruebas, retrasos en el despliegue o vulnerabilidades de seguridad.

Un dato curioso de los notificadores es que cuando un proceso de despliegue no falla nadie le interesa el detalle del proceso, basta con un mensaje de que todo salió "ok" pero cuando falla es muy importante el detalle y quien se entera del problema.

Algunas de las ventajas de utilizar notificadores en un pipeline de CI/CD son:

I. Identificación temprana de problemas: Los notificadores pueden ayudar a detectar problemas y errores en el pipeline antes de que se conviertan en problemas mayores que puedan retrasar el proceso de entrega de software.

II. Mayor eficiencia y rapidez: Los notificadores pueden enviar alertas en tiempo real, lo que permite a los equipos involucrados abordar rápidamente cualquier problema o error que surja en el pipeline.

III. Mejora de la colaboración y cIV: Los notificadores pueden enviar notificaciones a todo el equipo, lo que fomenta la colaboración y la comunicación entre los miembros del equipo.

IV. Mayor transparencia: Los notificadores pueden proporcionar información detallada sobre el estado del pipeline, lo que aumenta la transparencia del proceso y ayuda a los miembros del equipo a comprender mejor el estado del software.

Recuerda que notificar es una acción de enviar mensajes de cualquier forma a las personas involucradas, y que es muy diferente a guardar o registrar los pasos y acciones que han paso en el proceso de CI/CD, siempre debes registrar todo lo que pasa en el proceso de despliegue y asegurarte de guardar estos "registros logs" en un lugar seguro que pueda ser accedido por personas específicas en cualquier momento.

Debes tener en cuenta varias cosas con los registros de logs:
deben ser lo más claras posible, deben dar toda la información disponible

deben proteger los datos sensibles, deben ser protegidos de ojos de terceros y deben ser cifrados.

Los notificadores son una herramienta esencial en un pipeline de CI/CD, ya que permiten que el equipo de desarrollo y operaciones reciba notificaciones y alertas en tiempo real sobre el estado del pipeline y del software resultante, lo que ayuda a detectar y abordar rápidamente cualquier problema o error que surja en el proceso de entrega de software.

Mecanismos de despliegues

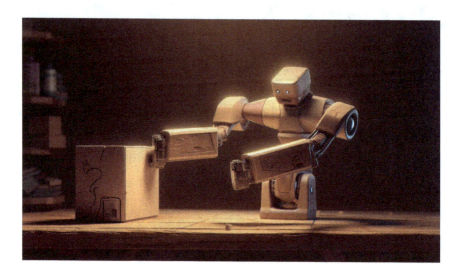

Los mecanismos de despliegue son una parte curiosa e importante de un pipeline de CI/CD, ya que permiten tomar la aplicación y colocarla en un ambiente o entorno. Los mecanismos de despliegue pueden variar según la plataforma o tecnología utilizada, pero en general, su objetivo es garantizar que el software se despliegue de manera rápida, confiable y sin errores.

Los mecanismos de despliegue son curiosos porque pueden estar separados de todo el proceso de CI/CD, además pueden tener varios gatilladores y hasta pueden desplegar las aplicaciones en diferentes ambientes, incluso en paralelo. Para darte más contexto vamos a entrar en más detalle.

Un mecanismo de despliegue tiene como entrada, un artefacto puede ser un conjunto de archivos de PHP, un ejecutable .exe, un ejecutable de Go, un .jar, o una imagen de Docker, o cualquier cosa que con comandos se pueda levante y quede operativo; también necesita instrucciones de levantamiento, esos comandos que debes usar para hacer funcionar tu aplicación, como por ejemplo "go run main.go", "docker run ...", etc. Y por último necesita acceso a un destino donde colocar estos archivos y permiso para manipular y ejecutar los comandos necesarios para levantar la app.

Tu procesador puede tener el mecanismo de despliegue pero también tu mecanismos de despliegue puede estar aparte, con su propio gatillador. Tus gatilladores pueden ser diferente, por ejemplo: ahora tú mecanismos de despliegue puede ser activado cuando un nuevo Docker sea guardado en tu herramienta de registro de Docker o cuando un nuevo .jar sea puesto en tu herramienta de respaldo de artefacto.

Los mecanismos de despliegue pueden tener diferentes objetivos, dependiendo de las necesidades del equipo de desarrollo y operaciones. Por ejemplo, si hay varios entornos en los que se va a desplegar la aplicación, el mecanismo de despliegue puede estar configurado para lanzar la aplicación en cualquiera de ellos, o en varios a la vez, dependiendo de las condiciones definidas en el proceso de creación de software.

De esta manera, el equipo de desarrollo puede establecer validaciones y condiciones que permitan que el mecanismo de despliegue actúe de una forma u otra, según las necesidades específicas del proyecto.

Los mecanismos de despliegue define el final de camino de tu CI/CD y es tan versátil como tu imaginación.

En definitiva, el mecanismo de despliegue es una herramienta que permite automatizar y simplificar el proceso de despliegue del software en tus entornos.

Los mecanismos de despliegue define el final de camino de tu CI/CD y es tan versátil como tu imaginación.

En definitiva, el mecanismo de despliegue es una herramienta que permite automatizar y simplificar el proceso de despliegue del software en tus entornos.

Lo mínimo necesario se resumen en esta imagen:

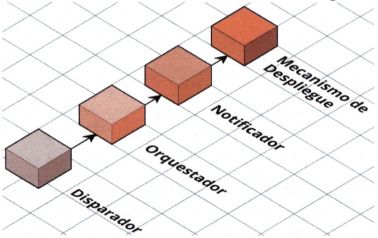

El proceso de implementación de un despliegue CI/CD puede parecer simple y lineal, pero en realidad es un territorio amplio y diverso con múltiples opciones tecnológicas. Existen numerosas formas de abordar los cuatro pasos clave, y la elección de las herramientas adecuadas depende de ti, de tu empresa y del proyecto en el que te encuentres.

La clave para lograr un despliegue exitoso radica en encontrar un equilibrio entre las necesidades y objetivos específicos de tu proyecto, así como en considerar las tecnologías y herramientas disponibles en el mercado. Desde la selección del lenguaje de programación y el framework adecuados hasta la elección del sistema de control de versiones y las herramientas de automatización, cada decisión es importante para crear un entorno de despliegue CI/CD efectivo.

Es fundamental investigar y explorar las diversas opciones disponibles, evaluar las ventajas y desventajas de cada una y tomar decisiones informadas basadas en las necesidades del proyecto y los recursos disponibles. La colaboración y la comunicación entre los equipos de desarrollo y operaciones también juegan un papel crucial para garantizar la implementación exitosa de un despliegue CI/CD.

Vamos a explorar más a fondo los tipos de despliegues.

Tipos de despliegues

Existen varios tipos de despliegues de aplicaciones. A continuación, te menciono algunos de los más comunes:

Despliegue canary

Despliegue de "canary" o "canario" en español, es un tipo de despliegue que implica la introducción gradual de una nueva versión de la aplicación en producción. La nueva versión se despliega solo para un pequeño subconjunto de usuarios (el grupo de canario), mientras que la versión anterior sigue siendo utilizada por la mayoría de los usuarios. Si la nueva versión funciona bien para el grupo de canario, entonces se va extendiendo gradualmente a un porcentaje cada vez mayor de los usuarios. Si en algún momento se detecta un problema, se puede revertir fácilmente el despliegue.

La estrategia de los pajaritos "canary" ofrece varias ventajas significativas:

1. Mitigación de riesgos: El despliegue canary permite reducir los riesgos asociados con un lanzamiento completo y repentino de una nueva versión de la aplicación. Al implementar la nueva versión solo en una parte reducida del entorno de producción, se limita el impacto en caso de problemas o fallos inesperados.

2. Detección temprana de problemas: Al enviar solo una porción del tráfico a la nueva versión de la aplicación, se puede monitorear de cerca su comportamiento y rendimiento en comparación con la versión anterior. Esto permite detectar problemas o degradaciones en una etapa temprana, antes de que afecten a todos los usuarios.

3. Rollback y reversión simplificada: Si se detecta un problema grave en la nueva versión durante el despliegue canary, se puede realizar un rollback o reversión rápida y sencilla. Al limitar el número de usuarios afectados por el cambio, se minimiza el impacto y se facilita la corrección del problema sin afectar a toda la base de usuarios.

4. Mayor confianza en el despliegue: Al utilizar el despliegue canary de manera regular y exitosa, se fomenta una cultura de despliegue seguro y

confiable. Los equipos ganan confianza en su capacidad para lanzar nuevas versiones de forma controlada y gestionar los riesgos asociados, lo que impulsa la agilidad y la innovación en el desarrollo de software.

Despliegue blue/green

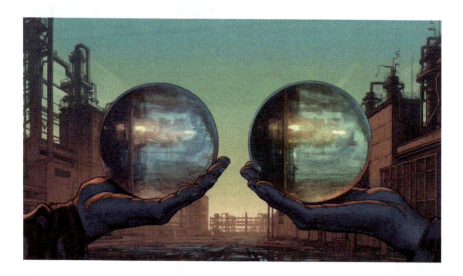

El despliegue Blue-Green (Azul-Verde) es una estrategia de despliegue utilizada en el desarrollo de software. El objetivo principal de esta estrategia es minimizar el tiempo de inactividad y los posibles impactos negativos en la experiencia del usuario durante el proceso de despliegue de una nueva versión de una aplicación o servicio.

En un despliegue Blue-Green, se crean dos entornos separados: el entorno "Azul" (Blue) y el entorno "Verde"

(Green). El entorno Azul representa la versión estable y actualmente en producción de la aplicación, mientras que el entorno Verde representa la nueva versión de la aplicación que se está desplegando y probando.

El proceso de despliegue se realiza de la siguiente manera:

1. Inicialmente, todos los usuarios acceden al entorno Azul, que es la versión actual de la aplicación y está en producción.
2. Se realiza el despliegue de la nueva versión de la aplicación en el entorno Verde, que es una réplica exacta del entorno Azul.
3. Una vez que la nueva versión de la aplicación se ha desplegado y probado correctamente en el entorno Verde, se redirige el tráfico de los usuarios al entorno Verde.
4. El entorno Azul se mantiene en espera como respaldo en caso de que se produzcan problemas en el entorno Verde. Si surgen problemas, se puede revertir rápidamente al entorno Azul sin interrupciones significativas para los usuarios.
5. Si el entorno Verde funciona de manera satisfactoria y no se detectan problemas, se elimina el entorno Azul.

La estrategia de despliegue Blue-Green ofrece varios beneficios:

- Minimiza el tiempo de inactividad: Al tener dos entornos separados, se puede cambiar rápidamente entre ellos sin interrupciones en el servicio.
- Permite pruebas exhaustivas: El entorno Verde se utiliza para probar la nueva versión de la aplicación antes de redirigir todo el tráfico de usuarios.
- Brinda una forma segura de desplegar: En caso de problemas en el entorno Verde, se puede revertir rápidamente al entorno Azul sin afectar la experiencia del usuario.
- Proporciona una mayor confiabilidad: Al tener un entorno de respaldo disponible, se garantiza una mayor disponibilidad y confiabilidad del servicio.

Planificación y configuración del pipeline

¿Qué aspectos considerar antes de implementar un pipeline de CI/CD?

Antes de implementar un pipeline de CI/CD, es importante considerar los siguientes aspectos:

Análisis de los procesos actuales

Es fundamental conocer cómo se realizan actualmente los procesos de desarrollo, integración y entrega de la aplicación. De esta manera, se pueden identificar los puntos críticos, las áreas de mejora y las oportunidades de automatización.

No puedes avanzar sin saber en qué punto del mapa estas

quizás este sea uno de los pasos más importante porque no puedes saber que debes hacer sin saber el estado actual de los procesos y si analizas mal esto puedes llegar a estimar mal cuáles son los pasos y el tiempo que te consumirá resolver los problemas. Así que pongamos cuidado aquí.

Revisa, qué lenguajes están involucrados en la creación de las apps que pretendes desplegar de forma automática con un pipeline de CI/CD, en el proceso de análisis, anota o guarda las herramientas usadas para el manejo de dependencia y empaquetado del artefacto. También de las versiones y de los prerrequisitos de las herramientas de compilación o de interpretación del software.

Comprueba cómo se están pasando los parámetros de configuración de las apps, ¿están empleando variables de entornos?, ¿Están utilizando archivos de configuración? ¿Están usando servicios de secretos?

¿Están cifrados los datos de configuración?, cómo puedo acceder a los parámetros de configuración si están en una aplicación o servicio externo.

Si no están usando ninguna forma para pasarle parámetros a las apps, propón una, es importante que las apps sean capaces de aceptar cambios de parámetros o variables, esto permite adaptarse a varios entornos de forma muy fácil.

Por cada aplicación que intentes desplegar deberás estar pendiente de muchas cosas.

En primer lugar, es fundamental aprender a levantar la aplicación y a moverla de un lugar a otro de forma efectiva. Para ello, es recomendable llevar a cabo un ejercicio básico en el que puedas crear tu propio entorno, instalar todos los prerrequisitos necesarios, incluyendo las herramientas de manejo de dependencias, y ejecutar manualmente los comandos de compilación y ejecución. De esta manera, podrás validar si la aplicación se ejecuta de forma estable y si es capaz de conectarse con los servicios externos necesarios para su correcto funcionamiento.

No olvides ponerles todos los parámetros o variables que necesita la app para funcionar porque la app puede levantar, pero puede no estar funcionando.

Por último, cuando entiendas cómo levantar la app y todo lo que necesitas para eso, te darás cuenta de que podrás definir estrategias de despliegue, y ya podrás pasar a los siguientes puntos.

Evaluación de la infraestructura tecnológica

Es importante contar con una infraestructura tecnológica adecuada que permita implementar un pipeline de CI/CD de forma eficiente y segura. Esto puede incluir aspectos como el hardware, el software, la seguridad y la disponibilidad de recursos.

Existen casos en donde tú no puedes definir qué herramientas o servicios de infraestructura puedes usar, si esto te pasa entonces deberás adaptar tus estrategias a la infra ya existente, si no entonces tendrás más libertad en tus estrategias: recuerda intentar ahorrar en tiempo y dinero.

Selección de herramientas y tecnologías

Existen diversas herramientas y tecnologías que se pueden utilizar para implementar un pipeline de CI/CD.

Es importante seleccionar aquellas que se adapten mejor a las necesidades y características del proyecto, y esto ya te lo podrás imaginar si entendiste como se puede desplegar la app que intentas automatizar y has entendido la infraestructura existente recuerda "todo está relacionado".

Definición de objetivos y expectativas

Es importante definir qué se espera de la implementación de un pipeline de CI/CD y cuáles son los objetivos a alcanzar. Estos pueden incluir la mejora de la calidad del software, la reducción de los tiempos de entrega o la eficiencia en la gestión del ciclo de vida del software.

Capacitación y formación del equipo

Para lograr una implementación exitosa de un pipeline de CI/CD, es crucial contar con un equipo capacitado y familiarizado con las herramientas y tecnologías seleccionadas. Además, es fundamental establecer una cultura de colaboración y mejora continua en el equipo de desarrollo y operaciones.

Es de suma importancia que el equipo se comprometa a mantener y actualizar regularmente los pipelines y herramientas que forman parte de los mecanismos de CI/CD. Una vez implementado, es responsabilidad de todos velar por su correcta y oportuna actualización. Un pipeline desactualizado puede generar problemas y dificultades en el flujo de trabajo.

Asimismo, se debe fomentar la transferencia de conocimientos entre los responsables de la creación del pipeline y el resto del equipo. Debería existir una forma de compartir y documentar las soluciones para los problemas comunes que puedan surgir en el pipeline. Los desarrolladores también deben comprometerse a comprender y aprender a resolver los errores típicos de un pipeline. De esta manera, se ahorrará tiempo y no será necesario depender en gran medida del equipo de Devops o de los encargados del diseño y creación de los pipelines cada vez que surja un error y se detenga el flujo del pipeline.

Herramientas para la implementación de un pipeline de CI/CD

Quiero dejar clara la importancia de seleccionar las herramientas adecuadas en función de las necesidades de la organización y del proyecto en cuestión, cada herramienta tiene sus propias características y ventajas, por lo que es importante evaluarlas cuidadosamente antes de tomar una decisión sobre cuál utilizar. La intención es que se puedan crear flujos de trabajo automatizados y sin interrupciones para el proceso de entrega de software y además que impacten lo menos posible a los equipos de desarrollo y a la organización.

Debemos seleccionar cuidadosamente las herramientas para la implementación de un pipeline de CI/CD así que hablaremos un poco de los aspectos a considerar.

- Requerimientos del proyecto: en el capítulo anterior comenté esto, debes tener claro cuáles son los requerimientos específicos de tu proyecto en cuanto a el "como" se compila y al "como" se levanta el proyecto y todo lo necesario para ponerlo a funcionar en un ambiente totalmente nuevo, incluso como puedes crear un ambiente nuevo compatible con la aplicación.
- Compatibilidad con lo ya existente: debes buscar herramientas con mucha compatibilidad con el proyecto que deseas automatizar y con la infraestructura, esto te ayudará a integrar mucho

más fácil las cosas, evitarás que generar procesos extras para adaptar las herramientas entre sí.

- Facilidad de uso: La herramienta debe ser fácil de usar y debe tener una buena documentación para ayudarte en la configuración e implementación de tu pipeline de CI/CD.
- Escalabilidad: La herramienta debe ser escalable y capaz de manejar grandes volúmenes de código y aplicaciones, especialmente si planeas expandir tu proyecto en el futuro.
- Soporte: La herramienta debe contar con un buen soporte técnico y actualizaciones frecuentes para solucionar posibles problemas y mantenerla al día con las últimas tendencias en CI/CD.
- Costo: El costo de la herramienta también es un factor importante a considerar, especialmente si estás trabajando con un presupuesto limitado. Asegúrate de elegir una herramienta que se adapte a tu presupuesto y necesidades.

Recuerda una buena herramienta puede hacerte la vida mucho más fácil, incluso ahorrarte mucho tiempo de trabajo así que a la hora de seleccionar las herramientas que deseas incorporar a los procesos hazlo con cuidado y esmero no lo tome a la ligera.

Es importante elegir cuidadosamente la herramienta adecuada para implementar un pipeline de CI/CD. Imagina que necesitas cortar un árbol y decides usar un alicate como herramienta de corte; aunque eventualmente podrías completar el trabajo, te llevaría mucho más tiempo y esfuerzo que si hubieras elegido una sierra eléctrica. De la misma manera, seleccionar una herramienta inadecuada para la implementación de un pipeline puede resultar en un proceso más complicado y menos eficiente.

Configuración de la herramienta elegida

La configuración adecuada de la herramienta de CI/CD es crucial para garantizar que el pipeline funcione correctamente y entregue el software de manera efectiva. Esta configuración incluye la definición de los pasos necesarios para construir, probar, analizar el código para evitar huecos de seguridad o filtrado de información sensible y además desplegar el software, la configuración de los desencadenadores de los procesos, la configuración de las notificaciones y la integración con otras herramientas de desarrollo y operaciones.

Es importante tener en cuenta que cada herramienta de CI/CD tiene su propia forma de configuración y que puede requerir cierto nivel de conocimiento técnico para realizar la configuración adecuada. Por lo tanto, es recomendable tener a alguien en el equipo que tenga experiencia en la herramienta seleccionada. Este alguien normalmente es llamado especialista Devops, pero aunque un especialista Devops debe tener la capacidad técnica para configurar las herramientas de software, es valioso recordar que su función principal es bajar la cultura Devops al proyecto; El especialista en Devops podría definir y crear los flujos iniciales e incluso crear las configuraciones según las estrategias, pero luego debería transmitir esos conocimientos a todos los desarrolladores.

Siendo los desarrolladores los encargados al final del mantenimiento de las herramientas y sus configuraciones siempre cambiantes.

La seguridad es importante

La configuración de seguridad en los pipelines de CI/CD es de suma importancia, ya que se encarga de proteger los activos críticos de la organización, como los datos confidenciales y el código fuente, y previene posibles amenazas externas e internas.

Los pipelines de CI/CD a menudo involucran el acceso a credenciales y otros secretos, lo que los convierte en un objetivo atractivo para los ciberdelincuentes. Es por eso que es crucial implementar medidas de seguridad para proteger los secretos y las credenciales de acceso. Algunas de las medidas de seguridad recomendadas incluyen:

- Encriptación de secretos y credenciales

- Implementación de autenticación y autorización
- Utilización de contenedores seguros y actualizados
- Uso de herramientas de análisis de vulnerabilidades
- Implementación de firewalls y medidas de detección y respuesta ante intrusiones
- Monitoreo continuo de la actividad del pipeline para detectar posibles amenazas o actividades sospechosas.

Es importante tener en cuenta que la seguridad en los pipelines no es una tarea única, sino un proceso continuo que debe ser evaluado y mejorado regularmente. La configuración de seguridad debe ser una prioridad en todo el proceso de desarrollo y despliegue de software, y todos los miembros del equipo deben estar al tanto de las políticas y mejores prácticas de seguridad para garantizar la protección adecuada de los activos críticos de la organización.

Desarrollo del pipeline de CI/CD

Definición de etapas

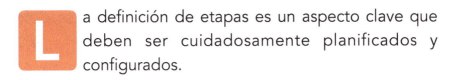

La definición de etapas es un aspecto clave que deben ser cuidadosamente planificados y configurados.

La definición de etapas se refiere a la segmentación del proceso de desarrollo de software en diferentes etapas, cada una de las cuales corresponde a una fase específica del proceso, como la compilación, las pruebas unitarias, las pruebas de integración, etc. Al dividir el proceso en etapas separadas, se puede realizar un seguimiento más preciso de los problemas y errores que surgen durante el proceso de desarrollo, lo que permite una solución más rápida y eficiente.

Por otro lado, un pipeline de CI/CD podría resultar en dos grandes pipelines cada uno con fases bien definidas, podríamos terminar con un pipeline de CI que abarque solo la integración, construcción y pruebas y pipelines de CD donde tomé el resultado del primer pipeline y lo despliegue en ambientes.

Existen diversas formas de definir las etapas dentro del pipeline de CI/CD, sin embargo, hay un orden lógico que se debe seguir para garantizar una implementación exitosa. Por ejemplo, es necesario integrar el código antes de compilarlo, y a su vez, compilar antes de desplegar la aplicación. Aunque es posible saltarse etapas, como las validaciones de seguridad y calidad, esto puede ocasionar problemas difíciles de detectar posteriormente. Por lo tanto, es altamente recomendable no saltarse las fases de validaciones, pero se pueden colocar en cualquier punto del pipeline para garantizar la calidad y seguridad de la aplicación.

Integración con herramientas de control de versiones

La integración con herramientas de control de versiones es un aspecto fundamental en la implementación de un pipeline de CI/CD. Esto se debe a que estas herramientas permiten un control y seguimiento detallado de los cambios realizados en el código fuente, así como la colaboración de múltiples desarrolladores en un mismo proyecto.

La integración de la herramienta de control de versiones con el pipeline de CI/CD permite que los cambios en el código fuente sean automáticamente detectados y desencadenen el proceso de compilación, pruebas y despliegue de la aplicación. Esto asegura que las nuevas versiones de la aplicación sean construidas y probadas de manera consistente y sin errores.

Algunas de las herramientas de control de versiones más populares que se integran con pipelines de CI/CD incluyen Git, SVN y Mercurial. Estas herramientas permiten a los desarrolladores trabajar en ramas o branches separadas para desarrollar nuevas funcionalidades o solucionar problemas, y luego fusionar los cambios en la rama principal o trunk una vez que se han probado y validado.

La integración con herramientas de control de versiones también facilita la implementación de prácticas de Devops como la entrega continua (CD) y la infraestructura como código (IaC), ya que permite la automatización de los procesos de compilación, pruebas y despliegue. Además, el registro detallado de los cambios realizados en el código fuente facilita la identificación y solución de problemas en el futuro.

Definición y automatización de pruebas

La definición y automatización de pruebas es una parte importante del pipeline de CI/CD, ya que permite asegurar la calidad del software entregado. Las pruebas pueden incluir desde pruebas unitarias hasta pruebas de aceptación del usuario final, y la automatización de las pruebas permite realizarlas de manera más rápida, eficiente y precisa.

La definición de las pruebas implica identificar los casos de prueba que se deben ejecutar para verificar que el software cumple con los requisitos establecidos. Esto puede incluir pruebas de funcionalidad, rendimiento, seguridad, accesibilidad, entre otros aspectos. Es importante que estas pruebas se definan lo más temprano posible en el ciclo de vida del desarrollo de software, para poder detectar y corregir errores de manera oportuna.

Los desarrolladores serán los encargados de definir y generar junto a los equipos de QA, sin embargo, es posible que los chicos de Devops sean los encargados de generar los procesos automáticos para ejecutar las pruebas cuando sean necesarios sin intervención humana.

La automatización de las pruebas implica el uso de herramientas y scripts para ejecutar las pruebas de manera automatizada, en lugar de hacerlo manualmente. Esto ayuda a reducir el tiempo necesario para ejecutar las pruebas y a minimizar los errores humanos. Además, la automatización de las pruebas permite incluirlas en el pipeline de CI/CD para que se ejecuten automáticamente cada vez que se realiza una nueva integración o despliegue.

Esto permite una retroalimentación rápida a los desarrolladores para que puedan corregir los problemas antes de que se conviertan en problemas mayores en el software.

La definición y automatización de pruebas es importante en el pipeline de CI/CD porque ayuda a asegurar la calidad del software entregado, permite detectar y corregir errores de manera temprana, reduce el tiempo necesario para ejecutar las pruebas y minimiza los errores humanos.

Monitoreo y análisis de los resultados

El monitoreo y análisis de los resultados es un paso clave en la implementación de un pipeline de CI/CD exitoso. Después de implementar el pipeline y poner en marcha el despliegue automático, es importante monitorear y analizar los resultados del proceso de manera constante.

El monitoreo se refiere a la observación y registro de las métricas y estadísticas relacionadas con el proceso de despliegue, como el tiempo de compilación, tiempo de prueba, tiempo de despliegue, etc. Es importante monitorear estas métricas para identificar cuellos de botella, errores, y posibles puntos de mejora en el pipeline.

El análisis de resultados implica la revisión de los datos recopilados durante el monitoreo para identificar patrones y tendencias, y realizar mejoras continuas. Con la ayuda del análisis de resultados, es posible identificar problemas recurrentes y tomar medidas para solucionarlos de manera proactiva.

Imagínalo como un mecanismo que va anotando y observando los despliegues que luego pasado un tiempo te da tanta información que puedes llegar a entender que se puede mejorar en el pipeline o en cualquier fase del CI/CD, y con esto potenciar los pipelines y mejorar la calidad de lo desplegado.

El monitoreo y análisis de los resultados son fundamentales para garantizar el éxito y la eficacia del pipeline de CI/CD. Ayudan a identificar oportunidades de mejora, evitar problemas recurrentes, y mejorar continuamente el proceso de despliegue automático.

Mejoras y mantenimiento del pipeline de CI/CD

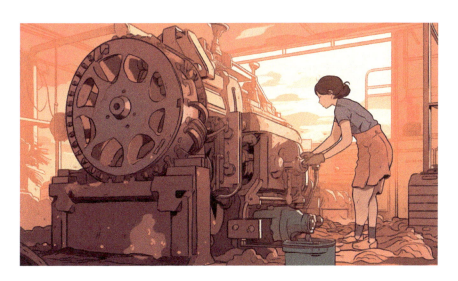

Identificación de áreas de mejora

Para mejorar cualquier proceso, es importante reconocer qué áreas necesitan ser mejoradas. En el caso del pipeline de CI/CD, se pueden identificar estas áreas mediante una evaluación continua del proceso y un análisis detallado de los resultados obtenidos en cada una de las etapas del pipeline. Es importante tener en cuenta que la identificación de áreas de mejora no es un proceso estático y debe ser llevado a cabo de forma regular para asegurar que el pipeline se mantenga actualizado y eficiente en todo momento.

Una forma de identificar estas áreas de mejora es a través de la recopilación de métricas y datos relevantes, como por ejemplo el tiempo que tarda en ejecutarse cada etapa, la frecuencia de errores y fallos en las pruebas, el tiempo que tarda en desplegarse la aplicación, entre otros. Estos datos pueden ser analizados para identificar patrones y áreas en las que se puedan hacer mejoras.

Otro aspecto importante para la identificación de áreas de mejora es la retroalimentación por parte de los usuarios y los miembros del equipo de desarrollo. Las opiniones y comentarios de los usuarios pueden ser utilizados para mejorar la usabilidad y la experiencia de la aplicación, mientras que los comentarios del equipo de desarrollo pueden ser utilizados para mejorar el proceso de implementación y la calidad del código.
Una vez identificadas las áreas de mejora, es importante implementar acciones concretas para abordarlas. Estas

acciones pueden incluir la revisión y actualización de la documentación, la automatización de tareas repetitivas, la implementación de nuevas herramientas y la formación del equipo en nuevas técnicas y tecnologías.

Los pipelines son sistemas dinámicos que evolucionan junto con las aplicaciones que despliegan, los ambientes en los que se ejecutan y la empresa en general. A medida que crecen y se desarrollan, se vuelven más sofisticados y seguros. Es responsabilidad de todos, tanto del equipo Devops como de los desarrolladores, crear pipelines robustos que agreguen valor a la empresa y contribuyan a mejorar continuamente las aplicaciones. Al invertir en la construcción de pipelines sólidos y eficientes, se puede garantizar que las aplicaciones sean cada vez mejores y más confiables.

Clasificación y desarrollo de aspectos de mejora que un pipeline CI/CD agrega a una empresa

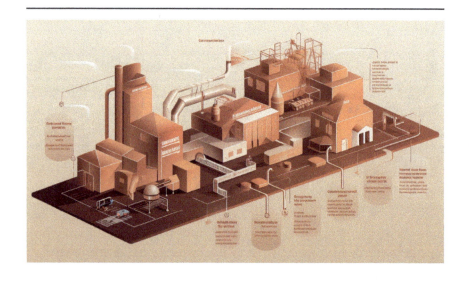

Ya hemos hablado de que es CI/CD de lo mínimo necesario e incluso de cómo planificar y configurar ahora en este capítulo crearemos una clasificación donde se agruparan posibles mejoras, intentando crear compartimentos separados que ayuden a definir mejor "a donde se puede ir", por ejemplo si tus equipos dice que al software le falta calidad, entonces agregar pruebas en el pipeline es una opción más poderosa que mejorar y estabilizar los entornos, aunque esta última también haga percibir calidad.

La siguiente tabla muestra una clasificación de mejoras que parten de un aspecto general grande y dentro de ellas encapsula otros más pequeños, no es 100% la verdad sobre estos aspectos, solo se intenta dar un orden para poder ser trabajada en los capítulos siguientes, quizás veas que algún ítem no es 100% compatible con su aspecto de mejora, tranquilo más adelante verás la razón.

Clasificación de aspectos de mejora:

Aspectos General	Detalle
Mejora en la Velocidad	Integración continua Despliegue continuo Pruebas automáticas
Mejora de la Calidad	Coberturas de pruebas Recuperación de fallos Monitoreo continuo
Mejoras en la Seguridad	Acceso a recursos Acceso a datos

Mejora en la Velocidad

Todos los pipelines automatizan cosas y la automatización genera velocidad, pero hay niveles. No es lo mismo automatizar algo con scripts que con un software especializado para hacer despliegues. En la siguiente tabla te mostraré niveles y tú debes identificar el nivel dónde está el software que quieres automatizar.

Nivel	Descripción
1	Sin automatización Todos los cambios se integran, se compila y se incorpora de forma manual en los ambientes (no hay pruebas)
2	Con script de automatización parcial, sin controlador de versión y de accionado manual. Se incorpora los cambios a los servidores con scripts que facilitan ciertos pasos repetitivos, pero, aún se necesita la ejecución manual de todos los scripts relacionados. En este punto los cambios son integrados manualmente, ya que no se tiene una herramienta de control de versiones.

3	Con script de automatización parcial con controlador de versión y de accionado manual. Se incorpora los cambios a los servidores con scripts que facilitan ciertos pasos repetitivos, pero aún se necesita la ejecución manual de todos los scripts relacionado. En este punto, la empresa debe tener un controlador de versiones que facilita la integración de los nuevos cambios.
4	Pipelines de accionado manual Los cambios son compilados y puesto en producción con script de forma más desasistida, sin embargo, aún cuenta con ejecuciones manuales, y aún no tiene pruebas automáticas de ningún tipo.
5	Pipelines de accionado automático El controlador de versiones dispara el proceso al detectar un cambio; cada fase de pipeline actúa de forma secuencial y sin tener la necesidad de monitoreo, el cambio es integrado, compilado, guardado y puesto a la espera para su despliegue. en este punto aún no se tiene la confianza para desplegar en ambientes productivos
6	Pipelines con pruebas automáticas (pruebas unitarias) Al detectar un cambio se dispara el proceso de pipeline con un set de pruebas automáticas que permite validar la calidad del código que se desea desplegar. El análisis de estas pruebas detiene el proceso si algo falla

7	Pipelines con pruebas automáticas y despliegue Pipeline más confiable y maduro que permite integrar, compilar, hacer pruebas y por último desplegar cambios nuevos en ambientes no productivos.
8	Pipelines con pruebas y despliegue con sistema de monitoreo de estados Pipeline confiable que pueda ejecutar pruebas y genere informes de la calidad del código, que además permita desplegar y que sea fácil garantizar que los nuevos cambios están en los ambientes deseados.
9	Pipeline con rollback Pipelines con las ventajas de los anteriores niveles y que además permita desplegar cualquier versión anterior de la aplicación
10	Pipeline para ambientes productivos Pipeline es capaz de hacer pases a producción de cualquier versión que se desee, teniendo en cuenta las ventajas de los pasos anteriores.

Toma la aplicación que deseas poner en pipelines y revisa en que nivel estas según la tabla que está arriba, recuerda que puedes ir caminando por cada nivel, ir mejorando poco a poco tus pipelines o simplemente si tienes experiencia pasar al nivel que necesites.

Vamos a imaginar un ejemplo: supongamos que los componentes de una empresa se encuentran en el nivel 3, que implica tener un script de automatización parcial con control de versión y acciones manuales.

En este caso, para mejorar, simplemente necesitaríamos escalar al siguiente nivel, el nivel 4, que consiste en implementar pipelines manuales. Basándonos en lo que ya tenemos en el nivel 3, la implementación de pipelines podría lograrse en poco tiempo y con un impacto mínimo, ya que contamos con un script que ayuda en el despliegue y una herramienta de control de versiones que facilita la integración.

Sin embargo, intentar escalar directamente al nivel 9, que implica tener un pipeline con rollback, sería mucho más costoso en términos de tiempo y más traumático, puesto que requeriría más recursos y una mayor participación de los equipos.

La idea es escalar de nivel en nivel y probar para que los equipos puedan experimentar los cambios y adaptarse a ellos. No obstante, es importante tener en cuenta que este proceso puede parecer lento, pero en entornos de pruebas, los cambios suelen ser rápidos. Un componente puede escalar varios niveles en cuestión de horas, siempre y cuando todo esté a favor.

Es importante recordar que, si tienes experiencia y todas las condiciones son favorables, es posible escalar rápidamente entre niveles e incluso comenzar en un nivel medio, saltándote varios niveles en el proceso.

Mejora de la Calidad

Con el fin de garantizar que la aplicación falle lo menos posible, o mejor aún, no falle en manos de los clientes finales, la empresa debe apostar por mecanismos que ayuden a los equipos a detectar fallos antes de llegar a producción y también a recuperarse de fallos en ambientes productivos. En las siguientes tablas definiremos los niveles enfocados a pruebas unitarias, integración y pruebas funcionales de forma separada, ya que en la práctica se puede avanzar de forma separada.

En mí experiencias, cuando entro a una empresa que desea agregar Devops a su proceso y me contratan para mejorar los pipelines o crear pipelines, normalmente encuentro el tema de calidad algo flojo, normalmente faltan las partes de pruebas porque es mucho más fácil y rápido tener pipelines sin esta fase. Cosa que está mal

PERO igual funciona. Recuerda que todos deben velar por la calidad del software.

LAS PRUEBAS SON IMPORTANTES

Pruebas unitarias:

Las pruebas unitarias son una técnica de prueba de software en la que se prueban unidades individuales o componentes del software de forma aislada, generalmente código fuente o módulos de programas, para determinar si cumplen con las especificaciones y funcionan correctamente.

Estas pruebas se realizan generalmente por desarrolladores de software, y pueden ser automatizadas para que se ejecuten con cada cambio en el código fuente. Las pruebas unitarias suelen ser rápidas y de bajo nivel, y se centran en la funcionalidad más pequeña y específica del software, para detectar errores lo más pronto posible en el ciclo de desarrollo y minimizar el riesgo de errores en la etapa de integración y pruebas más amplias.

Los niveles de pruebas unitarias son fáciles en la siguiente tabla te lo muestro:

Nivel	Descripción
1	Sin pruebas Componentes sin pruebas unitarias. un pipeline sin pruebas será rápido pero no siempre entregará algo que funcione.
2	Pruebas unitarias al 20% Los componentes tienen pruebas unitarias que cubren menos del 20% del código.tu pipeline garantiza hasta cierto nivel que todo estará ok y que la aplicación funcionará.
3	Pruebas unitarias al 50% Los componentes tienen pruebas unitarias que cubren menos del 50% del código. tu pipeline garantiza hasta cierto nivel que todo estará ok y que la aplicación funcionará.
4	Pruebas unitarias al 75% Los componentes tienen pruebas unitarias que cubren menos del 75% del código.
5	Pruebas unitarias al 100% Los componentes tienen pruebas unitarias que cubren menos del 100% del código.

Para saber a ciencia cierta el porcentaje de cobertura de las pruebas unitarias debes usar herramientas que te permitan calcularlos, en la actualidad las mismas herramientas de pruebas te dan esa facilidad y también hay otras aplicaciones que te permiten analizar mucho más, como por ejemplo deuda técnica, errores(bug), código repetido, problemas de seguridad, y código no usado. En fin, estaríamos hablando de herramientas que permiten *continuous code inspection*. En el capítulo sobre herramientas de Devops hablaré más sobre este tipo de herramientas.

Continuous code inspection. Son herramientas que hace un análisis del código estáticos buscando factores que no se ajusten a patrones predefinidos. Por ejemplo *"SonarQube"*

Pruebas de integración

Estas pruebas normalmente se encargan de verificar la comunicación entre diferentes componentes, es importante porque garantiza a bajo nivel que los componentes está "ok" y que no hay problemas de comunicación que puedan afectar las pruebas funcionales y evitar falsos positivos. Tenga en cuenta la siguiente tabla y ubíquese en ella, también recuerde que este tipo de pruebas puede hacerse con software especializado, y también no olvide que debe realizar estas pruebas partiendo de los flujos importantes de sus aplicaciones a los menos importantes, ejemplo, si su software es una tienda online, los flujos importantes incorporan todos los componentes que permita al usuario hacer una compra.

Nivel	Descripción
1	Sin pruebas de integración. Sin pruebas de integración automáticas, todo se hace de forma manual y aún no hay set de pruebas que validen que los componentes están "on" ni que puedan comunicarse entre sí.
2	Con pruebas de integración definidas. Aun sin pruebas automáticas, pero ahora se tiene definido set de pruebas que válida lo mínimo importante, el happy path.
3	Pruebas de integración al 20% automáticas Set de pruebas definido está implementado a un 20% con herramientas de automatización de pruebas.
4	Pruebas de integración al 50% automáticas Set de pruebas definido está implementado a un 50% con herramientas de automatización de pruebas.
5	Pruebas de integración al 75% automáticas Set de pruebas definido está implementado a un 75% con herramientas de automatización de pruebas.
6	Pruebas de integración al 100% automáticas Set de pruebas definido está implementado a un 100% con herramientas de automatización de pruebas.

Realizar pruebas exhaustivas en ambientes productivos puede resultar complicado, por lo que es importante establecer mecanismos que garanticen una mínima conectividad o contar con aplicaciones dedicadas a validar el correcto funcionamiento de los servicios.

En este tipo de pruebas, una estrategia efectiva consiste en realizar validaciones de integración en entornos de desarrollo o pruebas, y aplicar enfoques diferentes en los entornos de producción, o incluso omitir algunas pruebas. En los entornos de desarrollo, se verifica que el código se integre correctamente con los servicios necesarios. En cambio, en los entornos de producción, el enfoque se centra en comprobar que los elementos a integrar estén funcionando adecuadamente.

Al implementar esta estrategia, se pueden lograr los siguientes beneficios:

1. Reducción de riesgos: Al realizar pruebas de integración en entornos de desarrollo o pruebas, se pueden detectar posibles problemas antes de llegar a producción, lo que ayuda a mitigar riesgos y evitar fallos en el ambiente productivo.

2. Optimización de recursos: Al limitar o ajustar las pruebas en los entornos de producción, se minimiza el impacto en los recursos y se evitan posibles interrupciones en el servicio.

3. Enfoque en lo esencial: Al centrarse en verificar que los elementos a integrar estén funcionando en producción, se asegura la integridad y disponibilidad de los servicios sin sobrecargar innecesariamente el ambiente.

Pruebas funcionales

Por más novata que sea la empresa tiene pruebas funcionales, incluso sin pruebas unitarias ni pruebas integrales, quizás no las llama así, pero sí las tienen. Son esas pruebas que hacen manualmente para probar que ningún cambio nuevo ha dañado la funcionalidad principal de la aplicación. En la mayoría de los casos es tan fácil como crear pruebas funcionales de los flujos más importantes que el usuario debe seguir para hacer una compra. Recuerde que el porcentaje lo define usted y su equipo; nadie más que ustedes pueden ponderar la cantidad de pruebas que necesitan para probar todos los componentes de su aplicación.

También en este punto es importante señalar que la calidad del software depende de todos y no solo del equipo de QA o de cada programador aislado. TODOS deben asegurar la calidad.

Nivel	Descripción
1	Sin pruebas funcionales. Componentes sin pruebas funcionales automáticas, todo se hace de forma manual y aún no hay set de pruebas que validen las características fundamentales de la aplicación.

2	Con pruebas funcionales definidas. Aun sin pruebas automáticas, pero ahora se tiene definido set de pruebas que validan las características mínimas importantes del software.
3	Pruebas funcionales al 20% automáticas. Set de pruebas definido está implementado a un 20% con herramientas de automatización de pruebas.
4	Pruebas funcionales al 50% automáticas. Set de pruebas definido está implementado a un 50% con herramientas de automatización de pruebas.
5	Pruebas funcionales al 75% automáticas. Set de pruebas definido está implementado a un 75% con herramientas de automatización de pruebas.
6	Pruebas funcionales al 100% automáticas. Set de pruebas definido está implementado a un 100% con herramientas de automatización de pruebas.

Recuperación de fallos

En el campo de la calidad, la velocidad de poder recuperarse de un fallo es importante, porque por ejemplo un fallo a nivel de base de datos o de código que se perciba en producción puede acarrear pérdida de dinero, pérdida de clientes y hasta pérdida de la confianza de los inversores. por esto es importante crear mecanismos de recuperación a fallos. Aunque este tema es más Devops varios se pueden solucionar con pipelines o procesos similares a los pipelines.

Monitoreo continuo

Si no mides, no sabes qué está pasando y tu equipo es reactivo, está a ciegas y a la espera de que pase algo; la frase "El golpe avisa" resume todo, sin un buen sistema y metodología de monitoreo de los recursos, en especial en producción, se está a la deriva, los equipos se tardaran más en detectar y resolver los problemas que salgan en el día a día. Por esto se debe incorporar dos cosas mínimas, monitoreo de componentes y trazabilidad de errores.

Monitoreo de componentes

Se debe incorporar un sistema claro y sencillo que permita saber en tiempo real el estado de los componentes, y si es posible, hasta el consumo de recursos de cada uno. Mientras más sencillo mejor, por ejemplo, una pantalla que muestre si el componente está vivo y funcionando, el pipeline arrancho?.

¿Qué se puede monitorear?

Es recomendable monitorear los servidores donde se despliegan los servicios core de la aplicación, monitorear el tiempo de procesos de los pipelines, si se logra conectar con las herramientas ejemplo git secret manager o cualquiera que forme parte del proceso de despliegue.

Trazabilidad de errores (logs)

La trazabilidad de los errores ayuda a la toma de decisiones frente a problemas, el rastrear, encontrar y reparar errores, lamentablemente es un trabajo manual y es difícil crear una buena trazabilidad de errores, ya que cada pequeña pieza de una aplicación puede fallar y depende de cada desarrollador crear mensajes que faciliten la comprensión del error y cubran todos las piezas y todos los posibles casos de error.

En el mundo antiguo del desarrollo de software se creaban grandes piezas de aplicación fuertemente acopladas, llamados monolitos, estos monolitos centralizaban sus logs facilitando el rastrear, encontrar y reparar errores. En la actualidad con las nuevas tendencias de desarrollo de software es casi un pecado tener un "monolito", todo tiende a "microservicios" componentes pequeños que intentan ser autosuficientes, separados en diferentes equipos e incluso por regiones, esto tiene sus ventajas, pero complica muchos aspectos y uno de ellos es la trazabilidad de errores; y con esta complejidad ahora debemos procurar tener los logs disponibles, en orden y centralizados sino simplemente es un caos rastrear un error.

La trazabilidad en los pipelines puede ser afectada por la cantidad de componentes involucrados, sin embargo, las herramientas orquestadoras han evolucionado para centralizar los registros en un solo lugar, lo que hace que sea muy fácil encontrar lo que está sucediendo cuando algo falla. Sin embargo, es importante proteger los registros de acceso no autorizado y almacenarlos durante un período de tiempo determinado para que las personas adecuadas puedan revisarlos y solucionar cualquier problema que pueda surgir.

Mejoras en la Seguridad

La seguridad debe ser atendida desde el minuto 0, es importante velar por la integridad de los recursos y los datos, buscando siempre evitar procesos burocráticos que entorpecen el trabajo de los participantes. Este aspecto se resume en dos cosas importantes, el control de acceso a recursos y a datos.

Acceso a recursos

Los recursos de cómputo son relevantes, todos sabemos que en ellos se despliegan las aplicaciones que las empresas sirven y que ayudan a generar dinero. Por ende es fundamental velar por la seguridad de los recursos; incorporar mecanismos de defensas, protocolos de seguridad, metodologías de trabajo que ayuden a salvaguardar la integridad de los recursos tanto físicos como virtuales. Evalúa tus actuales protocolos de seguridad y crea/usa mecanismos automáticos que detectan posibles fallas de seguridad, o que hagan un check list de las buenas prácticas de seguridad frente a recursos. En el aspecto de seguridad siempre es crucial cuidar lo básico, cosas tan simples como colocarles passwords complejos a las cuentas de los usuarios, hacer fuertes reglas de seguridad, dar solo accesos a los puertos utilizados en las instancias. No subestime lo básico, por favor atienda primero lo básico y luego puede inventar mecanismos más complejos.

Acceso a datos

La data en la actualidad es la moneda de intercambio más valiosa que tiene una empresa, es tan valiosa que la pérdida de esta es simplemente la muerte de la empresa (en muchos casos). Sistemas de respaldo de la información, control de acceso de la información, validación de la data generadas por los componentes, son puntos a tener en cuenta. y también es importante aplicar estos controles a la información (data) generada por los usuarios al consumir los recursos de la empresa, ya que esta info representa el comportamiento actual de los usuarios que se podría usar para predecir futuros comportamientos frente a futuros producto, estos datos en manos de competidores puede ser fatal para la empresa.

Otros pipelines

Los siguientes mecanismos automatizados presentan similitudes con un pipeline de CI/CD, aunque no despliegan aplicaciones en sí mismos. A pesar de ello, son altamente recomendables, ya que pueden ayudar a salvaguardar la información de la empresa o incluso mantener la infraestructura actualizada. Es común encontrar conceptos de disparadores (gatilladores), orquestadores y notificadores combinados, pero no necesariamente se despliega una aplicación. A pesar de esto, se aplican muchos de los conceptos que se han visto a lo largo de este libro para formar un pipeline sólido y eficiente.

te hablaré de los que yo considero más comunes, lo que veo que se repiten más en empresas pequeñas y en algunas no tan pequeñas.

Respaldo de base de datos y rollback de datos.

Respaldar una base de datos puede crearse con un pipeline, pero no entra en la definición de CI/CD aunque se parece cuando lo unimos con método de rollback de la base de datos.

Lo curioso es que respaldar los datos y el método de rollback juntos contiene todas las piezas que hemos hablado en capítulos anteriores, pero no por eso son CI/CD aunque sí son pipelines porque tiene gatillador, proceso y despliegue.

El respaldo de base de datos implica guardar regularmente los datos de una base de datos en un lugar seguro, mientras que el rollback de base de datos implica recuperar los datos de una copia de seguridad y volver a colocarlos en la base de datos original. Aunque estos dos procesos se pueden integrar en un pipeline, no son lo mismo que CI/CD, sino un sistema de recuperación automática.

¿Por qué los traigo a colación? Como comente se pueden considerar como pipelines y aparte ayudan a la recuperación de fallos y aunque no son CI/CD son importantes.

Es justo comentar que hay nubes que tienen servicios similares a estos de forma automática y lo único que debes hacer es configurarlos con un wizard.

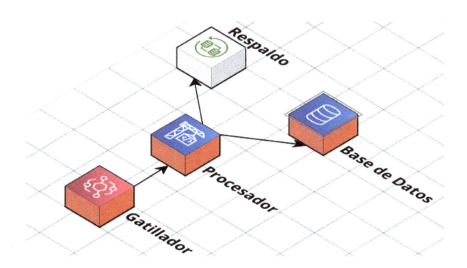

Para el primer proceso, se puede utilizar un desencadenador programado, como un "cron", que dispare un proceso en intervalos regulares. Este proceso tendría la tarea de realizar una copia de seguridad de la base de datos y guardarla en un lugar seguro.

En cuanto al segundo proceso, se puede implementar un desencadenador manual, como un botón o una función que un desarrollador pueda activar para realizar la restauración de la base de datos. Este "algo" puede ser una pantalla en una página web donde se especifique la versión de la base de datos a cargar, junto con un botón para iniciar el proceso de restauración. También podría ser un script en el cual se especifique la versión deseada y se ejecute para restaurar la base de datos.

Lo más importante en este caso es que, aunque son dos procesos separados, trabajan en sincronía y pueden colaborar para restablecer la aplicación en caso de ataques o eventualidades en la base de datos.

Métodos rollback de código

Todos los ambientes, en especial los productivos, deben tener dos mecanismos, uno que permite versionar componentes y otro que permita desplegar cualquier versión de cualquier componente que esté disponible;

con el fin de tener una forma fácil de cambiar entre versiones cuando un componente resulte inestable o ponga inestable otros componentes en el ambiente. La idea es moverse entre versiones de inestables a estables.

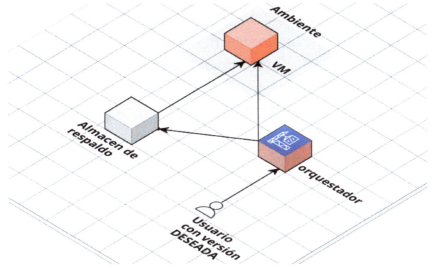

Sin embargo, es importante tener en cuenta que el proceso de rollback de código no es efectivo sin una buena documentación. Simplemente, versionar y almacenar las diferentes versiones de una aplicación en un pipeline de despliegue continuo (CD) no es suficiente. Es necesario tener una aplicación asociada a ese pipeline que, dada una etiqueta (tag), busque una copia de la aplicación asociada a esa etiqueta y la despliegue en el ambiente correspondiente.

A pesar de que este proceso puede funcionar bien, llegará un momento en que las versiones de la aplicación quedan obsoletas y no se pueden usar. Es en este punto donde la documentación se vuelve crítica. Si no se tiene una buena documentación de las diferentes versiones de la aplicación, puede haber confusiones y problemas, además el almacenamiento de esas versiones puede incurrir en costos innecesarios. Por lo tanto, es crucial mantener una buena documentación que permita entender qué cambios se realizaron en cada versión y cuál es la versión más apropiada para cada caso.

y con el tiempo también poder eliminar versiones obsoletas o mover a un lugar donde no cobren tanto por el almacenamiento.

Para este caso también podemos crear tabla de niveles:

Nivel	Descripción
1	Sin versionado de código. Sin normas de versionamiento los componentes son actualizados en el día a día y no hay ninguna etiqueta que diferencie una versión pasada de la actual.
2	Con versionado de código. Los componentes tienen versión, y hay normas de versionado manual de los componentes.

3	Con proceso automático de cambio de versión en ambiente no productivo. Se puede seleccionar una versión de cualquier componente y desplegarla en cualquier ambiente no productivo de forma automática.
4	Con proceso automático de cambio de versión en ambiente productivo. Se puede seleccionar una versión de cualquier componente y desplegarla en cualquier ambiente productivo de forma automática.

Sistema de actualización de la base de datos

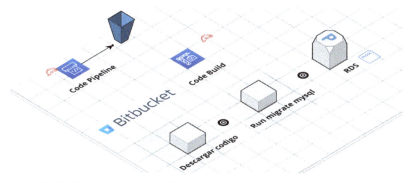

La calidad se puede afianzar con el uso de herramientas y metodología que mantengan actualizado las diferentes bases de datos de los múltiples ambientes que componen la organización. Esta práctica es llamada "Migraciones", y es fundamental, ya que permite homologar las estructura , actualizar las data y hasta realizar rollback a puntos anteriores, facilitando las pruebas y mejorando la tolerancia a fallas.

Nivel	Descripción
1	Sin migraciones de base de datos. La empresa pasa todos cambios con script que son ejecutados por los operadores de forma manual.
2	Con migraciones de base de datos pero sin rollback. La empresa pasa sus cambios de forma automática pero aún no existen script que echen atrás estos cambios.
3	Con migraciones de base de datos con rollback. Los desarrolladores crean script con nuevos cambios que será ejecutado automáticamente por una herramienta y también crean sus respectivos scripts de rollback que serán ejecutadas si algo falla y hay que ir a un punto atrás en el tiempo

Pipeline Infraestructura como código (IC)

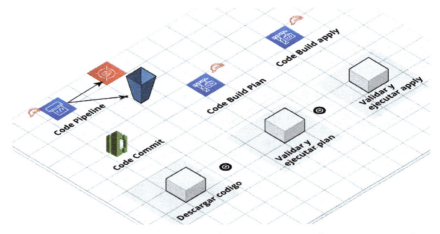

La Infraestructura como Código (IC) se refiere a tener las configuraciones de la infraestructura en archivos que pueden ser ejecutados por aplicaciones para crear dicha infraestructura. Esto permite plasmar todas las características de la infraestructura necesarias para el buen funcionamiento de una o varias aplicaciones en secuencias de comandos, haciendo de la construcción de la arquitectura algo repetible, escalable, versionable y mantenible. Además, centraliza los esfuerzos y conocimientos en archivos de texto que siguen parámetros y secuencias lógicas.

La organización debería ser capaz de recrear su propia infraestructura muy fácilmente, construyéndose desde cero en cualquier momento de forma rápida y confiable, para cumplir con este punto. Es ideal poder replicar un entorno de producción, ya que partiendo de él se pueden crear los demás ambientes, y crear cualquier parte de la infraestructura a demanda garantiza rapidez a la hora de probar nuevos componentes. Se recomienda siempre usar herramientas que permitan una fácil migración entre nubes, en caso de que sea necesario migrar en cualquier momento.

Es importante tener en cuenta que la herramienta facilita pero no es infalible, por lo que es fundamental tener un protocolo de actualización de infraestructura. Todo cambio oficial de la infraestructura debe pasar por los archivos de IC antes de ejecutarse en la infraestructura. No se deben hacer cambios en caliente, ya que esto puede generar problemas.

Este pipeline debería existir en las organizaciones y por eso te muestro una tabla de nivel como las de capítulos pasados

Nivel	Descripción
1	Sin código de infraestructura (IC). Sin código de IC todo se hace de forma manual, y son cosas "operativas".
2	Archivo IC específico para un ambiente. Se tiene un respaldo de la infraestructura actual en código, es una copia fiel del ambiente.
3	Archivos IC parametrizables para crear ambientes completos. Archivos que permitan replicar ambientes completos pero que sean configurables donde se pueda cambiar características como memoria, nombres,CPU ,etc. .
4	Archivos IC Repetibles. Set de archivos que permitan repetir ciertas piezas de hardware que la empresa necesita cada cierto tiempo, base de datos, copia de producción, instancias con características especiales para probar alguna aplicación.
5	Pipelines con IC Crear pipelines automáticos que puedan crear infraestructura facilita enormemente un trabajo que antes era operativo.

6	Protocolo de actualización de infraestructura. Ningún cambio de la infraestructura se hace en caliente, se tiene un procedimiento que permite tener documentado el cambio del hardware en cualquier ambiente.

Ventajas

Implementar el Pipeline de IC en una empresa ofrece diversas ventajas significativas:

★ **Repetibilidad:** Al tener las configuraciones de la infraestructura como código, es posible recrearla de manera exacta y repetible en cualquier momento. Esto facilita la creación de entornos idénticos para pruebas, desarrollo y producción, evitando discrepancias y errores.

★ **Escalabilidad:** La IC permite escalar la infraestructura de manera rápida y sencilla. Mediante la modificación del código, es posible agregar o eliminar recursos según las necesidades de la aplicación o del negocio, sin tener que realizar cambios manuales complicados.

★ **Versionado:** Al mantener las configuraciones de la infraestructura en archivos de código, es posible utilizar sistemas de control de versiones para gestionar y rastrear los cambios realizados. Esto facilita la colaboración en equipos, permite revertir cambios en caso de problemas y brinda un historial claro de la evolución de la infraestructura.

* **Mantenibilidad:** Al tener las configuraciones de la infraestructura en archivos de código, se pueden aplicar prácticas de desarrollo de software como refactorización, revisión de código y pruebas automatizadas. Esto mejora la calidad y la mantenibilidad de la infraestructura, facilitando su evolución y reduciendo el riesgo de errores.

* **Centralización del conocimiento:** Al plasmar la infraestructura en archivos de código, se centraliza el conocimiento técnico y las mejores prácticas en un único lugar. Esto facilita la colaboración entre equipos, permite compartir y reutilizar configuraciones, y evita la dependencia de conocimientos individuales.

* **Rapidez y confiabilidad en la recreación de entornos:** La IC permite recrear rápidamente entornos completos, incluyendo la infraestructura, para realizar pruebas, desarrollo o recuperación de desastres. Esto agiliza los procesos y reduce el tiempo de inactividad en caso de fallos o problemas.

* **Portabilidad entre nubes:** Al utilizar herramientas compatibles con múltiples proveedores de servicios en la nube, la IC permite una fácil migración entre diferentes plataformas en caso de ser necesario. Esto brinda flexibilidad y evita el bloqueo a un único proveedor de servicios.

★ **Control y seguridad:** Al tener un protocolo de actualización de infraestructura a través de los archivos de IC, se establece un control riguroso sobre los cambios realizados en la infraestructura. Esto garantiza la estabilidad, seguridad y consistencia de los entornos, evitando cambios no autorizados o errores inadvertidos.

★ **Colaboración y documentación:** La IC fomenta la colaboración entre equipos de desarrollo, operaciones y seguridad al tener un punto común de referencia para la infraestructura. Además, los archivos de IC actúan como documentación viva de la arquitectura, facilitando la comprensión y el mantenimiento a largo plazo.

★ **Mejora en la gobernanza y cumplimiento normativo:** Al utilizar la IC, se puede establecer un marco de gobernanza claro y aplicar políticas de cumplimiento normativo de manera consistente en toda la infraestructura. Esto ayuda a garantizar la seguridad y el cumplimiento de las regulaciones específicas de la industria.

Pipeline de seguridad para la gestión de permisos y roles

El pipeline de seguridad es uno de los componentes más críticos dentro de una empresa, ya que permite establecer un enfoque seguro y estructurado para la creación de permisos, roles y credenciales para los diversos equipos y servicios de la organización.

Este pipeline utiliza un repositorio de código como GIT como desencadenador y una herramienta de procesamiento como Jenkins o CodeBuild. La pieza central de este pipeline es CloudFormation, en el caso de AWS, o Terraform si se desea una solución multi-cloud. El objetivo es que los equipos que necesiten crear roles, permisos u otros objetos de seguridad lo hagan a través de código, subiendo sus cambios al repositorio de Git. Luego, el equipo de seguridad revisará minuciosamente los cambios propuestos antes de darles la aprobación final para que se implementen en el entorno.

Este pipeline puede incorporar diversas herramientas de validación de código para prevenir errores y automatizar la revisión. El objetivo final es automatizar la creación de elementos de seguridad, ya que los errores humanos en la configuración de permisos pueden tener un impacto significativo en la implementación de aplicaciones y son difíciles de detectar manualmente.

Con el Pipeline de Seguridad, se establece un proceso controlado y auditable para gestionar los aspectos críticos de seguridad en la infraestructura de la empresa, brindando mayor confiabilidad y reduciendo los riesgos asociados con la gestión manual de permisos y roles.

Implementar el Pipeline de Seguridad en una empresa ofrece diversas ventajas significativas:

1. **Mayor control y trazabilidad:** Al utilizar un enfoque basado en código para la creación de permisos y roles, se mejora la trazabilidad de los cambios realizados en la infraestructura de seguridad. Esto permite un mayor control sobre quién realiza los cambios y cuándo se implementan.

2. **Automatización y eficiencia:** La automatización de la creación de elementos de seguridad a través del pipeline reduce la carga de trabajo manual y los posibles errores humanos. Esto mejora la eficiencia y la velocidad de implementación, evitando retrasos innecesarios.

3. **Cumplimiento normativo:** El uso de un pipeline de seguridad facilita la implementación y el cumplimiento de los estándares y regulaciones de seguridad, ya que se pueden aplicar políticas y controles específicos de manera consistente en todos los cambios de seguridad.

4. **Mayor agilidad y flexibilidad:** Al utilizar un enfoque basado en código, es más fácil realizar cambios y ajustes en los permisos y roles de seguridad de manera ágil. Esto permite adaptarse rápidamente a las necesidades cambiantes de la

empresa y responder de manera eficiente a nuevas exigencias de seguridad.

5. **Colaboración mejorada:** El pipeline de seguridad promueve la colaboración entre los equipos de desarrollo y el equipo de seguridad. Al utilizar un repositorio de código compartido, se fomenta la comunicación y la revisión conjunta de los cambios propuestos, lo que conduce a una implementación más sólida y segura.

4. **Reducción de errores y vulnerabilidades:** Al automatizar la creación de elementos de seguridad, se minimizan los posibles errores y se reducen las vulnerabilidades en la configuración de permisos. Esto ayuda a proteger la infraestructura y los datos de la empresa contra posibles brechas de seguridad.

5. **Mejor escalabilidad:** El pipeline de seguridad permite escalar de manera más eficiente a medida que la empresa crece y se agregan nuevos equipos y servicios. La capacidad de gestionar de manera centralizada los permisos y roles a través del pipeline facilita la expansión y la incorporación de nuevos componentes de manera segura.

6. **Auditoría y cumplimiento:** Al tener un registro detallado de los cambios realizados en el pipeline de seguridad, se facilita la auditoría interna y externa. Esto ayuda a cumplir con los requisitos de auditoría y a demostrar el cumplimiento de las políticas de seguridad establecidas.

7. **Mayor confiabilidad y estabilidad:** La estandarización y automatización de la creación de elementos de seguridad a través del pipeline contribuyen a la estabilidad y confiabilidad del entorno. Se reducen las posibilidades de errores humanos y se establece un proceso coherente para la gestión de la seguridad.

8. **Mejor experiencia del usuario:** Al implementar un pipeline de seguridad eficiente, se garantiza una experiencia de usuario más fluida y segura. Los permisos y roles adecuados se aplican de manera coherente, lo que permite a los usuarios acceder a los recursos necesarios sin obstáculos ni riesgos de seguridad.

¿Qué es Devops?

El ciclo de vida de Devops es una combinación de desarrollo continuo de software, integración, pruebas, implementación y fases de monitoreo. Abraza la innovación, la agilidad y la escalabilidad para construir, probar, consumir y evolucionar un producto de software. También promueve una cultura de experimentación, retroalimentación, descubrimientos constantes y aprendizaje continuo.

Mejores prácticas de Devops

La metodología de Devops revolucionó la forma en que se construyen los productos de software en la industria de TI. El equipo de desarrollo y operaciones prospera cuando se unen para identificar la causa raíz exacta. "Ian Head, director de investigación en Gartner, predice que el 90% de las organizaciones de infraestructura y operaciones que intenten utilizar Devops sin abordar específicamente sus fundamentos culturales fracasarán". Por eso es necesario implementar las mejores prácticas que abarquen todo el espectro del ciclo de vida de un proyecto:

Colaboración: Fomenta la colaboración, síncrona y asíncrona entre colegas. El aprendizaje continuo y la mejora son parte del juego que requiere paciencia y monitoreo constante.

Cambio de práctica que lleva tiempo: Cambiar por completo la forma en que los equipos trabajan es un cambio cultural y práctico que requiere paciencia, dedicación e ideologías para adoptar nuevas formas. Poner a todos en la misma página y aclarar cualquier duda o consulta antes de que surjan.

Establecer el ROI del rendimiento: Define objetivos claros desde el primer día de inicio del proceso. Las métricas sirven perfectamente para actuar como evidencia de los esfuerzos de transformación ante la alta dirección e internamente.

Tener la herramienta adecuada: La automatización es un componente crucial de Devops que facilita la vida de un ingeniero. Configurar una selección inteligente de herramientas puede ayudar a prevenir disputas entre los equipos de desarrollo y operaciones. Priorizar los procesos sobre las herramientas es una gran idea.

Metas a largo plazo: Devops no es una solución mágica. Es un viaje largo, duradero y complejo hacia grandes resultados que pueden o no requerir muchos recursos. Enfoca tu energía en asegurar la aceptación de los POC (Proof of Concept) organizacionales críticos.

Tablero de control y KPI's: Un tablero automatizado puede realizar un seguimiento del proceso del ciclo de vida del software y mantener una base de datos de los cambios realizados en el servidor. Proporcionan una vista integral de todas las actualizaciones y cambios completados. Los paneles automatizados permiten proporcionar información detallada e informes sobre diferentes operaciones.

La seguridad es una prioridad: El aumento reciente de violaciones de datos y amenazas de seguridad en los últimos años ha hecho que sea esencial que las empresas estén al tanto de los riesgos e implementen medidas de seguridad infalibles para proteger su software. Las empresas deben asegurarse de que el código fuente de propiedad intelectual solo sea accesible para usuarios de confianza con credenciales verificadas, y los scripts de prueba y compilación no deben contener credenciales accesibles desde cualquier sistema.

¿Cuál es la diferencia entre CI/CD y Devops?

CI/CD se centra en los ciclos de vida definidos por software y destaca herramientas que enfatizan la automatización.

Devops se centra en la cultura, destacando roles que enfatizan la capacidad de respuesta. Devops requiere una extensa documentación que beneficia a equipos más grandes con diferentes conjuntos de habilidades.

Estos dos enfoques son diferentes y pueden complementarse entre sí.

¿Qué es DevSecOps?

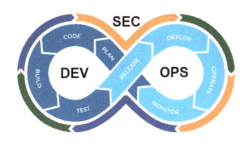

DevSecOps significa desarrollo, seguridad y operaciones. Es un enfoque que integra la seguridad como una responsabilidad compartida en todo el ciclo de vida de TI.

Los equipos de Devops deben automatizar la seguridad para proteger el entorno general y los datos, así como el proceso de integración continua/entrega continua, un objetivo que probablemente incluirá la seguridad de microservicios en contenedores.

¿Es DevSecOps para todos?

DevSecOps es esencial en el entorno empresarial actual para mitigar la creciente frecuencia de los ciberataques. Al implementar iniciativas de seguridad de manera temprana y frecuente, las aplicaciones y las infraestructuras en diversas industrias obtienen los siguientes beneficios. Obviamente, todas las empresas requieren una mentalidad de DevSecOps, pero los gobiernos, la atención médica y los servicios financieros requieren atención adicional a los detalles.

¿Cuáles son los beneficios de DevSecOps?

El enfoque de DevSecOps ofrece beneficios específicos para la seguridad del entorno, los datos y el proceso de CI/CD:

Mejora de la seguridad de la aplicación: En el pasado, el rol de seguridad estaba aislado en un equipo específico en la etapa final del desarrollo. Devops efectivo garantiza implementaciones rápidas y frecuentes en plazos más cercanos a semanas, días y minutos.
La seguridad es una responsabilidad compartida integrada de principio a fin, construyendo una base de seguridad en las iniciativas de Devops.
Esto implica pensar en la seguridad de la aplicación/infraestructura desde el principio. También significa automatizar los controles de seguridad y mantener el flujo de trabajo de CI/CD sin ralentizarse.

Propiedad entre equipos: DevSecOps reúne a 3 perfiles muy diferentes, creando un enfoque colaborativo entre equipos. Todos están en la misma página desde el principio, lo que lleva a una colaboración más eficiente entre los equipos.

Agilizar la entrega de aplicaciones: Las mejores prácticas de seguridad permiten ciclos de implementación rápidos gracias a la automatización, la mejora de los informes y el empoderamiento de los equipos de cumplimiento. Cuando se identifica una amenaza de seguridad, los equipos de aplicaciones y desarrollo trabajan en soluciones a nivel de código para abordar el problema.

Antes de la implementación, las organizaciones deben asegurarse de que su infraestructura cumpla con las políticas de seguridad. Definir cómo debe ejecutarse la carga de trabajo, proporcionar información crítica sobre posibles vulnerabilidades y configuraciones incorrectas, y preparar las etapas subsiguientes del pipeline de CI/CD para una implementación exitosa.

Limitar las vulnerabilidades de seguridad: Se pueden identificar identificar, gestionar y corregir rápidamente las vulnerabilidades y exposiciones comunes (CVE) mediante soluciones de escaneo preconfiguradas. La rápida corrección de vulnerabilidades recién descubiertas agiliza los procesos de desarrollo ágil. Las API seguras aumentan la visibilidad de la autorización y el enrutamiento. Al reducir las API expuestas, las organizaciones pueden disminuir las superficies de ataque.

¿Qué es FinOps?

FinOps es una combinación de "Finanzas" y "Devops", lo que significa la colaboración entre finanzas e ingeniería. FinOps es una práctica en la que los equipos de negocios, finanzas e ingeniería trabajan juntos para ampliar la visibilidad y optimizar los costos impulsados por los datos.

Estas mejores prácticas surgieron con la naturaleza bajo demanda y elástica de la nube, así como con la personalización de precios y descuentos.

¿Cuál es el ciclo de vida de FinOps?

El viaje de FinOps consta de tres fases iterativas: Informar, Optimizar y Operar.

Informar: Empoderar a las organizaciones y equipos con visibilidad, asignación, comparación, presupuestación y pronóstico. Una distribución precisa de los gastos en la nube basada en etiquetas, cuentas y asignaciones comerciales permite una facturación y visualización válida. Los interesados desean asegurarse de que están obteniendo un retorno de la inversión mientras se mantienen dentro del presupuesto.

Optimizar: Una vez que las empresas y los equipos están informados y empoderados, deben optimizar su presencia en la nube. Si bien los proveedores de la nube ofrecen múltiples opciones para hacerlo, la capacidad bajo demanda sigue siendo la más costosa, lo que fomenta una planificación avanzada de reservas y compromisos aumentados. Ajustar el tamaño y automatizar el apagado de cualquier uso ineficiente de los recursos puede ayudar a optimizar el entorno.

Operar: Las organizaciones evalúan y analizan los objetivos comerciales y las métricas que pueden rastrear, midiendo su evolución. Estos objetivos se monitorean a diario. Se mide la alineación comercial en función de la velocidad, calidad y costo. Definir políticas y modelos de gobernanza adecuados es una buena práctica.

¿Qué es MLOps?

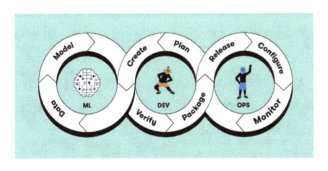

MLOps se deriva de machine learning (ML) y operations (Ops). Es un conjunto de prácticas de gestión para el ciclo de vida del aprendizaje automático profundo y el ML en producción. MLOps promueve la comunicación y colaboración entre profesionales operativos y científicos de datos. Este enfoque tiene como objetivo mejorar la calidad del ML en producción y aumentar la automatización al centrarse en los requisitos legales y comerciales.

MLOps abarca todo el ciclo de vida de ML, incluyendo el ciclo de vida del desarrollo de software e integración con la generación del modelo, que incluye la integración y despliegue continuos; esfuerzo; orquestación; gestión; monitorización de salud y diagnóstico; y análisis de estadísticas empresariales.

¿Qué es DataOps?

Data Pipeline Automation

DataOps es comúnmente asociado con Agile, promoviendo ciclos de desarrollo cortos, múltiples iteraciones y despliegues más frecuentes. Este enfoque tiene como objetivo entregar software de forma continua, teniendo en cuenta la retroalimentación del usuario para obtener más oportunidades comerciales. Comparte los mismos principios aplicados al procesamiento de datos para facilitar y acelerar la entrega de análisis de datos.

DataOps permite:

Una alineación completa entre equipos para entregar valor más rápido a través de una entrega de datos predecible.

Mejora la calidad de los datos en todo el flujo de datos.

Fomenta la reproducibilidad al eliminar tareas recurrentes entre proyectos.

¿Qué es GitOps?

GitOps es un enfoque que utiliza repositorios de Git como una única fuente de verdad para entregar infraestructura como código. Todos los cambios de código se registran, lo que facilita las actualizaciones y proporciona control de versiones en caso de que sea necesario revertir un cambio.

GitOps ofrece:

*   Un flujo de trabajo estándar para el desarrollo de aplicaciones e infraestructura.

*   Mayor seguridad al establecer los requisitos por adelantado.

*   Mayor confiabilidad con una visibilidad clara y control en todo el proceso.

*   Consistencia en cualquier clúster, nube o entorno local.

Herramientas Devops

Este apartado estará organizado de manera peculiar para seguir la convención del ciclo de vida del software en el mundo de Devops, que consta de al menos 8 fases. Por lo tanto, las herramientas se presentarán en un orden que favorezca este ciclo de vida.

Las únicas 4 herramientas que debes dominar

Cuando alguien quiere estudiar Devops, lo primero con lo que se topa es una serie de herramientas cada vez más crecientes. Te estoy hablando de más de 50 herramientas y un sinfín de habilidades que se supone que debe tener un Devops. Pero, ¿realmente necesitamos aprender todo eso para llamarnos Devops?

Cuando hablamos de Devops vemos una montaña de herramientas como Docker, Jenkins, Grafana, Prometheus, Kubernetes, ArgoCD, Bamboo, Helm... ¡Más de 100 más!

No solo es una cantidad enorme de herramientas disponibles, sino que siempre salen más y aparte, no todas las empresas usan todas. Aunque hay herramientas muy usadas o famosas, existe la posibilidad de que en la empresa donde entres a trabajar no las usen como se acostumbra. Es decir, al problema de la cantidad de herramientas existentes hay que sumarle que las empresas usan las que más se adecuen a ellas y aparte las usan como realmente se les acomode.

Te doy un ejemplo:

Para CI/CD, una empresa puede usar Jenkins, mientras que otra puede usar Bitbucket CICD Pipeline o CircleCI, o AWS codepipeline. Incluso en la nube de AWS, hay toneladas de servicios y obviamente NO ES POSIBLE saber todo.

Esto es simplemente una gran complejidad, por eso te traigo 4 cosas que debes dominar para que todo se te haga más fácil en tu ruta de aprendizaje.

Pero, ¿por qué creo que son las siguientes 4 cosas?

Las siguientes herramientas constituyen la base sobre la cual se crea el mundo de Devops.

CLOUD: Devops necesitará la nube como plataforma. Es como si quisieras tomar un tren, necesitarás una plataforma donde el tren llegue. De la misma manera, todas las herramientas de Devops necesitarán la nube como plataforma, por lo que es importante que te especialices en una nube como AWS, Azure o GCP.

DOCKER: es una tecnología que te permite crear ambientes controlados donde puedes lanzar tus aplicaciones, es muy portable, veloz y eficiente. Así que es una puerta de entrada al mundo de Devops.

KUBERNETES: es una plataforma gestora de contenedores (Docker). Con esto, puedes montar aplicaciones complejas. Aparte, Kubernetes es tan popular que las plataformas cloud están adaptadas para cooperar y ser manipuladas por esta herramienta. Así que K8s no solo administra tus apps a nivel lógico, sino que manipula y puede administrar tus servicios cloud, en sí es una herramienta Devops en toda regla.

TERRAFORM: Ahora, esta es la última incorporación a la lista de herramientas importantes en el mercado. Básicamente, te ayuda a crear infraestructuras en la nube (como servidores) mediante el uso de scripts en formato YAML, en lugar de tener que iniciar sesión en AWS o Azure y hacer clic en opciones. Terraform utiliza el enfoque de Infraestructura como Código (IAC), lo que proporciona muchas ventajas, como la capacidad de repetir, escalar, versionar y ser compatible con múltiples proveedores de nube. Sin Terraform, la vida del Devops podría ser mucho más difícil.

Por último, recuerda que estas 4 herramientas son fundamentales, pero las demás que deberás aprender depende mucho de la empresa donde estés o de las tecnologías que deseas especializarte.

Fase de planificación

La fase de planificación es donde los equipos selecciona objetivos, definen responsables y estiman los tiempos; en esta fase es común ver muchos tipos de metodología de planificación algunas propias de las empresas que las gestionan y otras tantas ajustadas a metodologías de desarrollo de software estándares de las industrias, sin embargo, comparten características similares que debe ser gestionadas y monitoreadas para poder así asegurar el éxito de los proyectos y por esto en la actualidad tenemos multitud de plataformas online que permiten gestionar las planificaciones de un desarrollo de software en tiempo real, superintuitiva y hasta con interfaz creativa y estimulante.

Jira

Jira es una plataforma web de planificación y gestión de proyectos, orientada hacia la metodología de software ágil. Especializada en el seguimiento de tareas y rastreo de errores, Jira se integra de manera sólida con otras herramientas de la misma empresa, como Trello, Confluence y Bitbucket. Además, cuenta con una versión gratuita limitada. Con más de 100 gadgets disponibles, Jira ofrece funcionalidades potentes y flexibles para mejorar la eficiencia del trabajo en equipo. Gracias a su diseño intuitivo, Jira mantiene a todos los miembros del equipo informados desde el inicio hasta el final de un proyecto.

El verdadero poder de Jira está en su API; La API de Jira es una interfaz de programación de aplicaciones que permite a los desarrolladores y otros sistemas interactuar con la plataforma de Jira de forma programática. Proporciona una serie de endpoints y métodos que permiten realizar acciones como la creación y actualización de issues (tareas), la gestión de proyectos, la obtención de informes y mucho más.

pudiendo integrar Jira con cualquier proceso de CI/CD.

Características claves:

* Trabajo remoto y multiplataforma: Jira es una plataforma web que facilita el trabajo desde cualquier lugar y en diferentes dispositivos.
* Metodologías ágiles: Jira ofrece la opción de especializarse en metodologías ágiles como Scrum o Kanban. Esto permite adaptar la plataforma a las necesidades específicas de cada equipo y proyecto.
* Generación de reportes detallados: Jira proporciona la capacidad de generar informes detallados y fáciles de entender. Estos informes ofrecen una visión clara del progreso del proyecto, la productividad del equipo y el rendimiento individual.
* Gadgets potenciadores: Jira ofrece una variedad de gadgets que potencian sus funcionalidades, incluyendo integraciones con herramientas como Trello, Bitbucket y Git. Estos gadgets mejoran la colaboración y la eficiencia del equipo.
* Prioridades, dependencias y seguimiento del tiempo: Jira permite definir prioridades para las tareas, establecer dependencias entre ellas y realizar un seguimiento preciso del tiempo invertido en cada una. Esto facilita la gestión y el control del progreso del proyecto.
* Roles y permisos de usuarios potentes: Jira ofrece un sistema de roles y permisos altamente personalizable. Esto permite asignar diferentes

niveles de acceso y responsabilidades a los miembros del equipo, garantizando la seguridad y la organización del proyecto.

* Registro de Historias de usuario: Jira permite el registro y seguimiento de Historias de usuario, lo que facilita la gestión de requisitos y el seguimiento del progreso de las funcionalidades del software.

* Gestión de filtros de búsqueda: Jira permite gestionar y personalizar filtros de búsqueda, lo que incluye la posibilidad de guardar, editar y compartirlos. Esto facilita la recuperación rápida de información relevante para el equipo.

* Sistema de notificaciones potente: Jira cuenta con un sistema de notificaciones simple pero poderoso. Permite enviar y recibir notificaciones útiles y detalladas, manteniendo a los miembros del equipo informados sobre los cambios y actualizaciones relevantes del proyecto.

* Manipulación y compartición de archivos fácil: Jira ofrece una interfaz intuitiva para manipular y compartir archivos de manera sencilla. Esto permite una colaboración fluida y el acceso rápido a la documentación necesaria para el proyecto.

Trello

Trello es una herramienta web de gestión de proyectos intuitiva, fácil de usar y versátil. Cuenta con una potente versión gratuita que se puede ampliar según las necesidades. Trello se basa en el concepto visual y simple del kanban, utilizando tableros, listas y tarjetas. Además, ofrece un sistema de permisos sencillo que permite la colaboración en espacios de trabajo compartidos.

Esta plataforma de arrastrar y soltar tareas está diseñada para gestionar proyectos de todo tipo, ya sean personales o profesionales. Para los proyectos profesionales, Trello cuenta con una amplia gama de complementos que agregan funcionalidades adicionales, como diagramas de Gantt, seguimiento de progreso a lo largo del tiempo, herramientas de generación de informes y mucho más.

Características clave de Trello:

1. Trabajo remoto y multiplataforma: Al ser una herramienta web, Trello facilita el trabajo desde cualquier lugar y en diferentes dispositivos. Además, Trello es compatible con múltiples idiomas, lo que facilita la colaboración internacional.

2. Simplicidad e intuición: Trello se destaca por ser una de las herramientas más simples e intuitivas del mercado. Su interfaz de arrastrar y soltar permite una experiencia de usuario fluida y fácil de entender.

3. Versión gratuita sin limitaciones: La versión gratuita de Trello no tiene límites en cuanto a usuarios, creación de tableros, listas y tarjetas. Esto brinda una gran flexibilidad para gestionar proyectos sin restricciones.

4. Integración con servicios externos: Trello permite integrarse con servicios populares como GitHub, Google Drive, Box, Dropbox, Slack, Toggl y Harvest. Esto facilita la colaboración y el acceso a archivos y herramientas adicionales desde una sola plataforma.

5. Manipulación y compartición sencilla de archivos: Trello ofrece una funcionalidad fácil de usar para manipular y compartir archivos. Esto permite una colaboración eficiente y el acceso rápido a la documentación necesaria para el proyecto.

6. Amplia gama de complementos: Trello ofrece una variedad de complementos gratuitos y de pago que potencian las funcionalidades de la herramienta. Estos complementos permiten personalizar y mejorar la experiencia de gestión de proyectos según las necesidades específicas.

7. Configuración para trabajar con metodologías SCRUM: Trello se puede configurar para adaptarse

a la metodología SCRUM, lo que permite una gestión ágil de proyectos.

Fase de codificación

Comprende la fase de creación de código y todas las herramientas que permitan su gestión y respaldo, aquí salen a relucir las herramientas de control de versiones encargadas de permitir a los miembros desarrolladores hacer su trabajo y potenciando la creación de nuevo software.

Los usuarios deberían poder acceder y copiar los archivos gestionados por el sistema de control de versiones (SCV) en un almacén local (repositorio local) luego poder modificar y posteriormente guardar nuevamente en el SCV (repositorio principal), esto como funcionamiento básico, actualmente existen herramientas que permiten mucho más, ya que lo sistemas de control de versiones se han vuelto muy importantes y se ha creado todo un ecosistema que se aprovechan y maximizan sus bondades, acelerando la velocidad de creación de software y permitiendo una mejor calidad y desempeño de las aplicaciones. Tanto así que no solo es un estándar de trabajo, sino que es una obligación usar este tipo de sistema en el día a día, un desarrollador no puede considerarse bueno si no usa este tipo de herramientas.

GitHub

 Es una red social que actúa como un sistema de control de versiones basado en Git, diseñado para manejar proyectos de diferentes tamaños con rapidez y eficiencia. Git es una tecnología ampliamente utilizada en el desarrollo de software que permite gestionar las versiones de un proyecto de forma eficiente.

Esta plataforma, al estar basada en Git, admite flujos de trabajo no lineales y distribuidos, lo que significa que múltiples programadores pueden trabajar en paralelo en diferentes ramas del proyecto y fusionar sus cambios de manera segura y controlada. Esto proporciona seguridad de datos y facilita el desarrollo de software de calidad.

La plataforma está específicamente desarrollada para coordinar el trabajo entre programadores. El control de versiones que ofrece permite rastrear los cambios realizados en el proyecto y trabajar de manera colaborativa con otros miembros del equipo en el mismo espacio de trabajo. Esto significa que los programadores pueden mantenerse sincronizados, compartir y revisar el código, y colaborar de manera eficiente en el desarrollo del software.

Características claves:

* Es escalable y puede adaptarse a cualquier número de usuario.
* Apoya al desarrollo, permitiendo el trabajo paralelo y gestionando el respaldo.
* Es compatible con los comandos de GIT.
* Se integra con diversas herramientas y aplicaciones.
* Tiene un sistema de webhook que permite notificar de eventos y sucesos a otras herramientas.
* Tiene un sistema intuitivo para ver el proceso de avance de los cambios.
* Sistema avanzado de resolución de conflictos.
* Utiliza la SHA1 (función de hash seguro) para nombrar e identificar objetos dentro de su repositorio.
* Control de versiones distribuido: La herramienta se basa en Git, lo que significa que utiliza un sistema de control de versiones distribuido. Esto permite que cada desarrollador tenga una copia local completa del repositorio, lo que facilita la colaboración y el trabajo sin conexión a Internet.

* Ramificación y fusión: La herramienta admite el uso de ramas (branches), lo que permite a los desarrolladores trabajar en paralelo en diferentes líneas de desarrollo. Luego, pueden fusionar los cambios de manera segura y controlada, facilitando la integración del trabajo realizado por diferentes personas.

* Seguridad de datos: La herramienta proporciona seguridad de datos para garantizar la integridad y confidencialidad del código fuente. Los repositorios son resistentes a la corrupción y a la pérdida de datos, y se pueden configurar niveles de acceso y permisos para controlar quién puede ver o modificar el código.

* Historial y trazabilidad: La herramienta mantiene un historial completo de todos los cambios realizados en el repositorio, lo que permite rastrear quién realizó cada modificación, cuándo se realizó y qué se modificó. Esto facilita la auditoría, la resolución de conflictos y la comprensión del progreso del proyecto a lo largo del tiempo.

* Integración con otras herramientas: La herramienta se integra con una amplia gama de herramientas y servicios utilizados en el desarrollo de software, como IDEs (entornos de desarrollo integrados), sistemas de seguimiento de problemas (issue tracking systems) y sistemas de integración continua (continuous integration systems). Esto

permite una mayor automatización y flujo de trabajo eficiente.

* Soporte para colaboración y revisión de código: La herramienta proporciona características para facilitar la colaboración y la revisión de código entre los miembros del equipo. Esto incluye la posibilidad de realizar comentarios, revisiones y aprobaciones en el propio repositorio, lo que mejora la calidad y la eficiencia del proceso de desarrollo.

Bitbucket

Bitbucket

Es una herramienta de control de versiones basada en Git que ofrece una plataforma web y una sólida integración con Jira, Trello, Confluence y Bamboo, ya que es desarrollada por la misma empresa, Atlassian. Además, se integra fácilmente con herramientas de integración y entrega continuas (CI/CD), como Jenkins.

Esta herramienta es reconocida por ser una plataforma de colaboración para el desarrollo de software. Cuenta con sistemas de control de usuarios y sistemas de observación de fusiones (merges), lo que facilita la gestión y revisión de cambios en el código. Además, puede utilizarse con los comandos estándar de Git, lo que brinda flexibilidad a los desarrolladores.

Una característica destacada de esta herramienta es su amplia gama de plugins, que permiten la integración con diversas herramientas y servicios adicionales. Esto ofrece una mayor personalización y la capacidad de asociarse con otras herramientas utilizadas en el ciclo de vida del desarrollo de software.

Características claves:

* Por ser web facilita el trabajo remoto y es multiplataforma.
* Es compatible con los comandos de GIT.
* Tiene wikis por proyecto.
* Los usuarios puede hacer reviews de los pull request y los cambios asociados.
* Tiene buscador de código.
* Tiene REST API para integraciones personalizadas
* Tiene un sistema de webhook que permite notificar de eventos y suceso a otras herramientas.
* Se puede rastrear los cambios.
* Sistema avanzado de resolución de conflictos.
* Bitbucket permite el almacenamiento de archivos grandes(large file storage). Control de versiones basado en Git y Mercurial: Bitbucket es una plataforma de control de versiones que admite tanto Git como Mercurial. Esto permite a los equipos elegir la herramienta de control de versiones que mejor se adapte a sus necesidades y preferencias.

* Integración con el ecosistema de Atlassian: Bitbucket tiene una fuerte integración con otras herramientas de Atlassian, como Jira, Trello, Confluence y Bamboo. Esto facilita la colaboración y la gestión del desarrollo de software en un entorno unificado.

* Plataforma web y hospedaje en la nube: Bitbucket proporciona una plataforma web intuitiva que permite a los equipos administrar y colaborar en repositorios de código de forma remota. Además, ofrece opciones de hospedaje en la nube, eliminando la necesidad de configurar y mantener servidores locales.

* Funciones de seguridad y permisos avanzados: Bitbucket cuenta con opciones robustas de seguridad y permisos que permiten a los equipos controlar el acceso y los privilegios de cada miembro. Se pueden configurar permisos a nivel de repositorio, rama y archivo, lo que garantiza un control preciso sobre el código fuente.

* Integración con herramientas de CI/CD: Bitbucket se integra fácilmente con herramientas de integración y entrega continuas (CI/CD) populares, como Jenkins, Bamboo y otros sistemas de automatización. Esto facilita la configuración de flujos de trabajo automatizados para compilar, probar y desplegar aplicaciones de forma rápida y confiable.

Gitlab

 GitLab es una plataforma completa que se inició como un sistema de control de versiones (SCV) basado en Git, pero que ha evolucionado para ofrecer una amplia gama de herramientas de Devops. A diferencia de otras plataformas, GitLab no solo proporciona un entorno de gestión de repositorios, sino que también incluye integraciones con diversas herramientas y funcionalidades para mejorar el flujo de trabajo de desarrollo de software.

Con una interfaz web similar a la de GitHub y Bitbucket, GitLab permite gestionar usuarios, controlar el acceso a repositorios públicos y privados, y ofrece opciones tanto en su versión gratuita como en su versión de membresía. Sin embargo, GitLab va más allá de ser simplemente un SCV y se ha convertido en una suite completa de herramientas de Devops.

Entre las características de GitLab se encuentran la validación del código, la compilación automatizada, la revisión y el seguimiento de problemas, la colaboración en línea, la integración continua (CI), la implementación continua (CD) y la gestión de lanzamientos. Además, GitLab permite la integración con herramientas de terceros y ofrece un ecosistema amplio y flexible para adaptarse a las necesidades específicas de cada equipo de desarrollo.

A continuación, se presentan algunas **características clave** de GitLab:

* Trabajo remoto facilitado: Al ser una plataforma web, GitLab permite trabajar de forma remota, lo que es especialmente útil para equipos distribuidos geográficamente.
* Multiplataforma web: GitLab se puede acceder a través de la web, lo que significa que es compatible con diferentes sistemas operativos y dispositivos.
* Compatibilidad con comandos de Git: GitLab es compatible con los comandos estándar de Git, lo que facilita su uso para aquellos familiarizados con la línea de comandos.
* Wikis por proyecto: GitLab ofrece la funcionalidad de wikis por proyecto, lo que permite documentar y compartir información relevante asociada a cada proyecto.
* Revisiones y comentarios de pull requests: Los usuarios de GitLab pueden realizar revisiones y dejar comentarios en las solicitudes de extracción (pull requests) y los cambios asociados.
* Integración con herramientas de Devops y de terceros: GitLab se integra con una variedad de herramientas tanto de su propia suite de Devops

como de terceros, lo que amplía sus capacidades y permite una mayor automatización y flujo de trabajo.

* API REST para integraciones personalizadas: GitLab ofrece una API REST que permite realizar integraciones personalizadas con otras herramientas y sistemas.

* Webhooks para notificaciones: GitLab cuenta con un sistema de webhooks que permite notificar eventos y acciones a otras herramientas, lo que facilita la integración con servicios externos.

* Seguimiento de cambios: GitLab registra y rastrea los cambios realizados en los repositorios, lo que proporciona un historial completo y facilita la auditoría y la resolución de problemas.

* Resolución avanzada de conflictos: GitLab ofrece un sistema avanzado para resolver conflictos que puedan surgir al combinar cambios de diferentes ramas o colaboradores.

Además, la suite de Devops de GitLab está especialmente enfocada en trabajar con contenedores Docker, lo que proporciona una solución integral para el desarrollo y la implementación de aplicaciones en entornos basados en contenedores.

Fase de construcción

En esta fase, se realiza la obtención y compilación del código para generar un artefacto que servirá como materia prima en las etapas siguientes. Aquí es donde comienza la parte automatizable de todo el ciclo de vida. Aunque en las fases anteriores existen herramientas que han sido parte del desarrollo para apoyar al usuario, en esta fase el proceso de construcción (build) puede considerarse automático desde el momento en que el Sistema de Control de Versiones (SCV) notifica un cambio de código. Este proceso continúa hasta la entrega de un nuevo componente, conocido como artefacto.

Los procesos que se llevan a cabo en esta fase varían según la aplicación, las herramientas utilizadas para el build y el lenguaje utilizado en el desarrollo del software final. y lo hemos hablado de esos pasos en los capítulos anteriores, pero aquí te lo quiero presentar desde el punto de las herramientas.

Los pasos son similares a los siguientes:

Obtención del código: se descarga el código del proyecto de algún repositorio centralizado, por ejemplo gitHub, Bitbucket, etc.

Integración de dependencias: se descargan todas las posibles dependencias que necesita el software para funcionar.

Compilación: se ejecuta la compilación que en algunos casos no es más que una traducción a lenguaje máquina usando todo el código del proyecto y las dependencias descargadas.

Generador de artefacto: es el resultado de la compilación una especie de archivo ejecutable llamado artefacto.

Maven

 Maven es una herramienta de gestión y construcción de software basada en Java. Su enfoque principal se encuentra en el manejo de dependencias, ya que cuenta con un repositorio centralizado donde se pueden obtener librerías necesarias para el desarrollo de proyectos. Además, Maven ofrece la capacidad de ejecutar pruebas unitarias e pruebas integración, generando informes que pueden ser utilizados por otras aplicaciones para análisis y toma de decisiones.

A continuación, se presentan algunas **características clave** de Maven:

1. Configuración sencilla y declarativa: Maven utiliza una configuración declarativa basada en estándares de la industria, lo que facilita su configuración y mantenimiento.
2. Repositorio centralizado de librerías: Maven cuenta con un repositorio centralizado donde se almacenan librerías y dependencias, lo que permite acceder a ellas de manera sencilla y gestionarlas eficientemente.

3. Integración con otras herramientas: Maven se integra fácilmente con otras herramientas populares de CI/CD, como Jenkins y New Relic, lo que amplía sus capacidades y mejora el flujo de trabajo del desarrollo.

4. Generación de informes: Maven permite generar informes estándares, como informes de cobertura de pruebas, que brindan visibilidad sobre el estado y calidad del código.

5. Soporte para diferentes formatos de artefactos: Maven puede generar diferentes formatos de artefactos, siendo los más populares el archivo JAR y el archivo WAR, adaptándose a las necesidades específicas del proyecto.

6. Facilita la integración continua: Maven estandariza la configuración de los proyectos, lo que facilita la implementación de integración continua y automatización de la compilación y despliegue.

7. Integración con IDEs: Maven está integrado con los IDEs más populares de Java, lo que permite su uso en entornos de desarrollo familiares y ofrece una experiencia fluida.

8. Gestión de dependencias: Maven proporciona un sistema robusto para gestionar las dependencias del proyecto, asegurando que las versiones correctas de las librerías sean utilizadas y manejadas de manera eficiente.

9. Extensibilidad mediante plugins: Maven ofrece la posibilidad de crear y utilizar plugins personalizados, lo que permite extender su

funcionalidad y adaptarla a necesidades específicas.

10. Multiplataforma y software libre: Maven es una aplicación Java, lo que le permite funcionar en diferentes plataformas, como Linux y Windows. Además, al ser software libre, su código fuente está disponible y puede ser modificado según las necesidades del usuario.

Gradle

Es un software de automatización de build con manejos de dependencias capaz de soportar otros lenguajes aparte de java, se harta de ser uno de los más simples de manejar y configurar apoyándose de lenguajes groovy y Kotlin DSL; se puede integrar a los IDE de java más populares por medios de plugins y es el sistema de compilación oficial de Android.

Características claves:

* Posibilita la depuración compartida, el equipo puede acceder al resultado de las compilaciones para así poder resolver problemas.
* Compilación inteligente incremental, el proceso de compilación válida la existencia de cambios

para así proceder solo con la compilación de lo nuevo.

* Permite que los proyectos tengan su propia estructura de carpetas y archivos.
* Eficaz y robusto manejador de dependencias, incluso abstrae la configuración de dependencias transitivas.
* Gran flexibilidad en el manejo de lenguajes de configuración soportando la mezcla de Groovy, Scala, Java.
* Robusto generador de artefacto compatible con los formatos JAR, WAR, EAR.
* Cuenta con herramientas para empaquetar el código basado en JVM (Java Virtual Machine) en archivos de archivo comunes.
* Integración con Android Studio: Android Studio no cuenta con un generador interno, sino que delega todas las tareas de compilación en Gradle.
* Soporte de MS Visual C ++ y GoogleTest.
* Puede Publicar artefacto en repositorios Ivy y Maven.
* Alta compatibilidad con archivos de configuración de Maven.
* Usa un caché de dependencia de terceros para evitar tráfico de red al compilar múltiples veces los mismos proyectos.

Jenkins

 Es un servidor de automatización de tareas de código abierto y escrito en java, su poder se basa en dos cualidades importantes, puede crear cadenas de ensamblaje llamadas pipeline, su gran cantidad de plugins que le permiten virtualmente hacer cualquier cosa, con estas dos cosas se pueden ir agregando poco a poco funcionalidades para satisfacer cualquier requerimiento por ejemplo se pueden agregar sistema de control de usuarios, se puede integrar con herramientas SCV como Github, Bitbucket y Gitlab, se puede integrar con cualquier plataforma de nube como AWS, GPC Oracle Cloud entre otras.

Características claves:

* Por ser web facilita el trabajo remoto.
* Facilita el escalamiento automático.
* Es de fácil mantenimiento y tiene herramientas incorporadas para facilitar las actualizaciones de sus componentes.
* Ofrece más 1000 complementos para apoyar la creación y prueba de prácticamente cualquier proyecto.

- ＊ Es una aplicación multiplataforma lista para cualquier sistema operativo como Windows, Mac OS X y UNIX
- ＊ Es compatible con la integración continua y la entrega continua.
- ＊ Puede distribuir tareas en varias máquinas, aumentando así la concurrencia.

Docker

 Es una herramienta que puede empaquetar software y sus dependencias dentro de un "contenedor virtual" para así poder desplegarlo muy fácilmente en cualquier sitio; y forma parte de las estrategias actuales de compilación y despliegue de aplicaciones a nivel mundial.

Normalmente, es usada de la siguiente manera, se prepara un script donde se especifica todo lo necesario para que un software puede ejecutarse y esto abarca desde sistemas operativos, dependencias, paquetes, archivos y configuraciones necesarias para nuestra aplicación, objetivos y luego con comandos propios de docker se hace una construcción de la imagen que posteriormente se ejecuta en algún servidor que fungirá como base y soporte para nuestra aplicación, si todo sale bien el servidor tendrá una copia de nuestra aplicación funcionando al 100%.

Características claves:

* Portable, liviano y fácil de usar.
* Compatible con múltiples lenguajes de programación.
* Comunidad activa con muchos aportes sobre imágenes y sistema operativos.
* Es la base para sistemas como docker Swarm kubernetes, ECS, EKS, GKE y muchas más.
* Fácil de integrar con herramientas de CI/CD.

Buddy

Buddy Es una herramienta para desarrollo web que ejecuta despliegues automáticos para lenguajes como PHP Python, Ruby, .net y react.js, entre otros. Se crean pipelines con más de 100 acciones listas para usar que se pueden organizar de cualquier manera, al igual que jugar con piezas de legos, es compatible con GitHub, Bitbucket y tiene una herramienta de SCV propia que se puede usar además con muchas herramientas más.

Características claves:

- ✳ Las compilaciones se ejecutan en contenedores aislados con dependencias en caché.
- ✳ Admite todos los lenguajes, marcos y administradores de tareas populares.
- ✳ Facilidad de acciones con Docker / Kubernetes.
- ✳ Se integra con AWS, Google, DigitalOcean, Azure, Shopify, WordPress y más.
- ✳ Admite paralelismo y configuración YAML.
- ✳ El mantenimiento de los servidores son por parte de la misma empresa.

Azure Devops

 Es la suite de Devops de Microsoft, aglomera todas las herramientas que satisface las fases más importantes del desarrollo del software, sin limitación de lenguaje y altamente integradas entre sí.

Azure Boards herramienta de planificación enfocada a metodología Ágil.

Azure repos herramienta de repositorios privados de GIT.

Azure Pipeline herramienta de CI/CD donde se puede construir, probar y desplegar en cualquier sistema operativo con cualquier lenguaje y sobre cualquier arquitectura, incluyendo otras nubes.

Azure Test Plans herramienta de pruebas avanzada con dashboard intuitivo y muy pintoresco, permite hacer pruebas para aplicaciones de escritorio como web.

Azure Artifacts administrador de repositorios privado de objetos/artefactos simple y escalable con sencilla integración con herramientas CI/CD.

Características claves:

* Por ser web facilita el trabajo remoto.
* Multiplataforma de modo web.
* Es compatible con los comandos de GIT.
* Más de 1000 plugins que permiten asociarse con herramientas populares del mercado.
* Azure test Plans es una suite por sí sola, permitiendo hacer configuración de test avanzado.
* Tiene una alta integración entre toda la suite de Azure.
* Permisos de usuarios y rol muy robusto.
* Compatible para compilar cualquier lenguaje.

Google Cloud Build

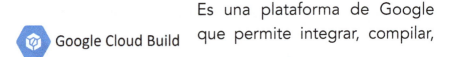 Google Cloud Build

Es una plataforma de Google que permite integrar, compilar,

probar y empaquetar/dockerizar cualquier tipo de código muy similar a Jenkins además capaz de desplegar en varios entornos, como máquinas virtuales, entornos sin servidor, Kubernetes o Firebase, además cuenta con la facilidad de importar el código fuente de Google Cloud Storage, Cloud Source Repositories, GitHub o Bitbucket.

Características claves:

* Despliegue automático al detectar cambios en los repositorios de código.
* Se obtiene información valiosa y detallada sobre los resultados de versión con errores y advertencias para realizar depuraciones de forma sencilla. Filtra los resultados de versión mediante etiquetas o consultas para saber por qué una versión o prueba determinadas se ejecutan con lentitud.
* 100% compatibilidad con Dockers.
* Identifica vulnerabilidades de paquetes en las imágenes de contenedor. Realiza análisis de vulnerabilidades de paquetes automáticamente para Ubuntu, Debian y Alpine.
* Cobra por minutos de compilación, pero los primeros 120 minutos al día son gratis.
* Puedes usar cualquier compilador, los proporcionados por Google, la comunidad o tu propio compilador personalizado.

Fase de pruebas

Es la fase donde se ejecutan pruebas y se verifica que los nuevos cambios no hayan dañado nada, en la práctica esta fase puede ser dividas en más partes, todas totalmente automatizables, veamos un poco cuáles son:

Unit Test: pruebas unitarias que afectan los componentes que se están probando es a nivel de clases, propiedades y métodos.

Integration Test: son pruebas de comunicación entre componentes y se hace para comprobar que los cambios no afectan a componentes vecinos.

Load Test: pruebas que fuerzan y miden la calidad y la degradación de los servicios y componentes de una aplicación.

Stress Test: pruebas que determina el punto de quiebre de una aplicación.

Regression Test: pruebas que verifican el funcionamiento de la aplicación.

JUnit

 Es el framework de prueba más usado de java especializado en pruebas unitarias, un framework es un marco de trabajo, es decir, un conjunto de estándares, reglas y buenas prácticas que modelan la forma de trabajar, en este caso también está vinculado a un software que lee y ejecuta códigos escritos por el desarrollador con el fin de probar el código principal de la aplicación.

Características claves:

* Es el framework más popular de Java, hay abundante documentación y ejemplos en internet.
* Es muy simple de usar e intuitivo.
* Está integrado a muchos componentes y aplicativos oficiales de java.

- La metodología que usa Junit está implementada en otros framework de pruebas para otros lenguajes.
- Se puede generar reporte para ser consumidos por otras herramientas.
- Los IDE de java poseen plugins que generan de forma automática test con Junit, obviamente hasta cierto punto, es más como crear una estructura de pruebas que luego el desarrollo debe perfeccionar; sin embargo, es un adelanto de trabajo importante.

Phpunit

 Es la versión de Junit para el lenguaje de PHP, está embebido en los más famosos framework y manejadores de contenidos de la actualidad. Tiene una alta compatibilidad con herramientas de CI/CD y con analizadores de códigos.

Características claves:

- Es el framework de pruebas más popular de PHP hay abundante documentación y ejemplos en internet.
- Es muy simple de usar e intuitivo.

* Está integrado a muchos componentes y aplicativos oficiales de java.
* La metodología que usa phpunit está implementada en otros framework de pruebas para otros lenguajes, es parte de la arquitectura Xunit.
* Se puede generar reporte para ser consumidos por otras herramientas.
* Los IDE de java poseen plugins que generan de forma automática test con Junit, obviamente hasta cierto punto, es más como crear una estructura de pruebas que luego el desarrollo debe perfeccionar; sin embargo, es un adelanto de trabajo importante.

Selenium

Es un conjunto de artefactos informáticos que posibilitan la creación, modificación, ejecución y grabación/reproducción del comportamiento de pruebas para aplicaciones web creadas en lenguajes como PHP Ruby, Java, Javascript.

Selenium ejecuta pruebas sobre navegadores web simulando ser un usuario que interactúa con la página y al final el desarrollador puede ver en video los pasos cometidos por selenium y así poder ver el comportamiento de la página frente a un posible usuario. También permite la ejecución de forma remota y simula navegar sobre la página sin necesidad del entorno gráfico de un navegador, facilitando la orquestación de pruebas por parte de herramientas CI/CD , al final selenium genera reportes que fácilmente pueden ser consumidos por otras herramientas o por desarrolladores.

Características claves:

* Los comandos de selenium están orientados para ejecutar acciones sobre objetos dentro de un navegador.
* Facilita la depuración y tiene manejo de puntos de verificación (breakpoint).
* Ideal para pruebas de regresión.
* Fácil integración con herramientas CI/CD
* Genera reportes detallados con videos que se pueden reproducción para ver el comportamiento de las pruebas
* Compatibilidad con múltiples lenguajes de desarrollo.

SauceLabs

Es un framework de pruebas para aplicaciones web basado en Selenium que también posee una plataforma web que sirve como servidor de pruebas remotas, potenciando aún más los entornos de pruebas ya que se puede seleccionar una alta cantidad de sistemas operativos y navegadores web.

Características claves:

* Versatilidad de pruebas porque se puede escoger sistemas operativos, navegadores web y hasta resoluciones de pantalla.
* Los comandos de selenium están orientados para ejecutar acciones sobre objetos dentro de un navegador.
* Facilita la depuración y tiene manejo de puntos de verificación (breakpoint).
* Ideal para pruebas de regresión.
* Fácil integración con herramientas CI/CD
* Genera reportes detallados con videos que se pueden reproducción para ver el comportamiento de las pruebas
* Compatibilidad con múltiples de lenguajes de desarrollo.
* La plataforma web permite hacer ejecuciones manuales y también grabarlas y compartirlas, haciendo más fácil el trabajo de definir pruebas en equipo.

DeviceFarm

aws device farm

Es un entorno de pruebas de aplicaciones web y móviles, es muy potente y permite hacer pruebas en diferentes dispositivos en paralelo, dispositivos reales alojados en las instalaciones de AWS.

También admite realizar pruebas de aplicaciones nativas e híbridas para Android, iOS y Fire OS, incluidas las aplicaciones creadas con PhoneGap, Titanium, Xamarin, Unity y otros marcos. Admite acceso remoto de aplicaciones Android e iOS para realizar pruebas interactivas.

Características claves:

* Genera reportes y grabaciones muy completos e informativos.
* Las pruebas móviles y web son sobre dispositivos reales.
* Se puede generar prueba para Android, IOS y FireOS.
* Se ahorra mucho tiempo porque las pruebas se pueden correr en paralelo.
* Fácil de integrar con otras herramientas de análisis y CI/CD, ya que tiene una API y sdk compatibles con múltiples lenguajes.

Fase de liberación

En la fase de release, se produce un artefacto consolidado que resume las etapas anteriores y representa la aplicación lista para ser desplegada en un entorno adecuado. Durante esta fase, es crucial garantizar que el artefacto llegue a un repositorio o ubicación de fácil acceso para que pueda ser implementado y utilizado por los clientes.

La seguridad del acceso, la durabilidad de los datos y la alta disponibilidad son factores esenciales que deben ser tenidos en cuenta en esta etapa. Independientemente del formato en el que se almacene el artefacto, las herramientas utilizadas para esta fase deben abordar al menos estos tres aspectos fundamentales.

Claves de esta etapa:

1. Repositorio centralizado: Es relevante contar con un repositorio centralizado que almacene y gestione los artefactos de la aplicación para su distribución.
2. Control de versiones: Es esencial mantener un control estricto de las versiones de los artefactos, lo que facilita la trazabilidad y la capacidad de volver a versiones anteriores si es necesario.
3. Pruebas exhaustivas: Antes de realizar el despliegue en producción, se deben realizar pruebas rigurosas en un entorno de staging para asegurar que el artefacto funcione correctamente y cumpla con los requisitos esperados.
4. Seguridad y control de acceso: Es crucial implementar medidas de seguridad adecuadas para proteger los artefactos y restringir el acceso solo a personas autorizadas.
5. Plan de rollback: Es importante contar con un plan de rollback que especifique los pasos a seguir en caso de que surja algún problema durante la implementación, permitiendo revertir rápidamente a una versión anterior funcional.
6. Documentación y registro: Se debe mantener una documentación completa y actualizada de todos los pasos y decisiones tomadas durante la fase de release, lo que facilita la trazabilidad y el análisis posterior.

Jfrog Artifactory

Es un repositorio universal, que se integra con cualquier ecosistema existente que admite la gestión binaria de extremo a extremo y proporciona coherencia a su flujo de trabajo de CI/CD. Es una solución automatizada para rastrear artefactos desde el desarrollo hasta la producción.

Características claves:

- ✳ Admite paquetes de software creados con cualquier tecnología o lenguaje.
- ✳ Gestiona registros de dockers con alta disponibilidad.
- ✳ Manejo inteligente de caché de artefactos para utilizarlos a voluntad.
- ✳ Plataforma web con panel de control configurable.
- ✳ Se puede automatizar y controlar todas las fases del ciclo de vida de Devops.

Quay

Es un registro de contenedor privado y seguro que crea, analiza y distribuye imágenes de contenedores. Proporciona un alto nivel de automatización y personalización. Red Hat Quay también está disponible como un servicio alojado llamado Quay.io. Está disponible como complemento para OpenShift o como un componente independiente.

Características claves:

* Análisis de vulnerabilidades de las imágenes.
* Monitorea, analiza y te mantiene informado de posibles cambios versiones de imágenes.
* Es servicio así que no debes administrar ningún servidor.
* Es relativamente seguro.

Elastic container registry(ECR)

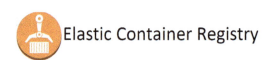 Es un manejador de registro de contenedor Docker de alta disponibilidad que está bajo la integración con AWS Identity and Access Management (IAM) ofrece un control de cada repositorio a nivel de recurso, está optimizado para ser usado con ECS tecnología de Amazon especializada en el ecosistema basada en Docker.

Características claves:

- ✳ Puede controlar el acceso a los repositorios y a las imágenes que contienen mediante políticas.
- ✳ Puede insertar y extraer imágenes de Docker en los repositorios y utilizarlas localmente en su sistema de desarrollo o en definiciones de tareas de Amazon ECS.
- ✳ Es servicio así que no debes administrar ningún servidor.
- ✳ El uso de las imágenes por herramientas propias del entorno de AWS cuestan mucho menos
- ✳ La disponibilidad de recursos es impresionante, tiene tasas altas de transferencia.
- ✳ Alta compatibilidad con herramientas, ya que se puede usar todas las prestaciones de ECR con API y SDK.
- ✳ SDK en múltiples lenguajes de programación.

Google Container Registry (GCR)

 Es la herramienta de gestión de registros de imágenes Docker de Google y presenta las mismas propiedades que cualquier servicio de esta categoría, pero también analizar automáticamente las vulnerabilidades de las imágenes porque tiene una activa base de datos donde

se registran los paquetes y sistemas operativos con vulnerabilidad las cual es usado para analizar tus imágenes de Docker de forma automática.

Características claves:

- ✳ Puede controlar el acceso a los repositorios y a las imágenes que contienen mediante políticas.
- ✳ Puede insertar y extraer imágenes de Docker en los repositorios y utilizarlas localmente en su sistema de desarrollo o en definiciones dentro del servicio Google Kubernetes Engine (GKE).
- ✳ Es servicio así que no debes administrar ningún servidor.
- ✳ La disponibilidad de recursos es impresionante, tiene tasas altas de transferencia.

Docker Hub

 Es el registro de contenedores Docker básico y predefinidos en la API de Docker, en él se pueden conseguir infinidad de imágenes que pueden servir como bases para sus aplicaciones.

Características claves:

- ✳ Puede controlar el acceso a los repositorios y a las imágenes mediante usuarios.

- ✳ Puede insertar y extraer imágenes de Docker en los repositorios y utilizarlas localmente en su sistema de desarrollo o en definiciones en cualquier entorno o servicios como EKS, ECS, GKE y otros.
- ✳ Es servicio así que no debes administrar ningún servidor.
- ✳ Garantiza disponibilidad, tiene tasas altas de transferencia.

Amazon Simple Storage Service (Amazon S3)

Es un servicio de almacenamiento de objetos de alta disponibilidad y escalabilidad, abstrae las configuraciones de regiones y de capacidad de almacenamiento porque garantiza estar disponible 24*7 en todas las regiones del mundo y además tiene aprovisionamiento automático de espacio según un algoritmo inteligente que calcula las necesidades del cliente. Aparte proporciona confiabilidad muy alta, de persistencia de datos y de seguridad de acceso.

Características claves:

- ✳ Disponibilidad mundial
- ✳ Alta persistencia de datos

* Sujeto a políticas de seguridad de AWS IAM.
* Se puede usar para registro de imágenes Docker con herramientas de terceros.
* Se puede usar como almacenamiento de artefactos, jar,war, etc.
* Fácil de integrar con herramientas de CI/CD porque se pueden usar los característicos protocolos de AWS por REST API y SDK.
* Permite encriptación de datos.
* Permite control de versiones.
* Tiene ciclo de vida de objetos configurables y adaptables con otras tecnologías de AWS.

Google Cloud Storage (GCS)

Google Cloud Storage (GCS) es un servicio de almacenamiento en la nube ofrecido por Google como parte de su plataforma de servicios en la nube, Google Cloud Platform (GCP). GCS proporciona un almacenamiento duradero y altamente escalable para diversos tipos de datos, incluyendo archivos, objetos y archivos de copia de seguridad.

GCS permite a los usuarios almacenar y recuperar datos de manera eficiente, garantizando la durabilidad y disponibilidad de los datos. Puedes utilizar GCS para almacenar y administrar archivos estáticos, como

- ✳ Puede insertar y extraer imágenes de Docker en los repositorios y utilizarlas localmente en su sistema de desarrollo o en definiciones en cualquier entorno o servicios como EKS, ECS, GKE y otros.
- ✳ Es servicio así que no debes administrar ningún servidor.
- ✳ Garantiza disponibilidad, tiene tasas altas de transferencia.

Amazon Simple Storage Service (Amazon S3)

 Es un servicio de almacenamiento de objetos de alta disponibilidad y escalabilidad, abstrae las configuraciones de regiones y de capacidad de almacenamiento porque garantiza estar disponible 24*7 en todas las regiones del mundo y además tiene aprovisionamiento automático de espacio según un algoritmo inteligente que calcula las necesidades del cliente. Aparte proporciona confiabilidad muy alta, de persistencia de datos y de seguridad de acceso.

Características claves:

- ✳ Disponibilidad mundial
- ✳ Alta persistencia de datos

- ✳ Sujeto a políticas de seguridad de AWS IAM.
- ✳ Se puede usar para registro de imágenes Docker con herramientas de terceros.
- ✳ Se puede usar como almacenamiento de artefactos, jar,war, etc.
- ✳ Fácil de integrar con herramientas de CI/CD porque se pueden usar los característicos protocolos de AWS por REST API y SDK.
- ✳ Permite encriptación de datos.
- ✳ Permite control de versiones.
- ✳ Tiene ciclo de vida de objetos configurables y adaptables con otras tecnologías de AWS.

Google Cloud Storage (GCS)

 Google Cloud Storage (GCS) es un servicio de almacenamiento en la nube ofrecido por Google como parte de su plataforma de servicios en la nube, Google Cloud Platform (GCP). GCS proporciona un almacenamiento duradero y altamente escalable para diversos tipos de datos, incluyendo archivos, objetos y archivos de copia de seguridad.

GCS permite a los usuarios almacenar y recuperar datos de manera eficiente, garantizando la durabilidad y disponibilidad de los datos. Puedes utilizar GCS para almacenar y administrar archivos estáticos, como imágenes, videos y documentos, así como para almacenar copias de seguridad de bases de datos, registros de aplicaciones y otros tipos de datos.

Además, GCS ofrece características como la gestión de versiones de archivos, control de acceso granular, almacenamiento en clases de almacenamiento con diferentes niveles de rendimiento y costo, replicación de datos en diferentes ubicaciones geográficas para mayor resiliencia y compatibilidad con herramientas y servicios de Google Cloud, como BigQuery, Compute Engine y App Engine.

Características claves:

* Permite encriptación de datos en tránsito y reposo.
* Permite control de versiones.
* Tiene notificaciones configurables.
* Ciclo de vida configurable.
* Tiene políticas de compresión de archivos permitiendo la descompresión antes de la descarga.
* Tiene logs de auditoría de acceso.
* Tiene un robusto sistema de seguridad de acceso que contempla autenticación de roles y/o ACL.
* Soporta archivos grandes hasta archivo en Pentabytes

* Garantiza una durabilidad del 99.999999999% para los datos almacenados.
* Incluye un control de acceso muy granular y configurable
* ofrece diferentes clases de almacenamiento con diferentes niveles de rendimiento y costo.
* Full compatibilidad con servicios de Google Cloud
* Replicación y redundancia geográfica: GCS replica automáticamente tus datos en diferentes ubicaciones geográficas, lo que garantiza una mayor resiliencia y disponibilidad en caso de fallas o interrupciones.

* Herramientas y API: GCS proporciona una amplia gama de herramientas y API para facilitar la gestión y el acceso a tus datos. Puedes utilizar la interfaz web de GCS, la línea de comandos, SDK's y API's para interactuar con tus datos almacenados en GCS.

Fase de despliegue

Es la fase donde se implementa lo obtenido en fases anteriores, es decir, la nueva versión que se construyó, probó y guardó, ahora es copiada y puesta en ejecución por alguien o algo que tenga como mínimo la ruta de los artefactos, el sitio donde se va a desplegar y los comandos para ejecutar.

En el pasado las implementaciones eran difíciles y poco escalables dependiendo de personas capacitadas, un error podría significar pérdida de horas en reparaciones, pérdida de datos de los clientes y hasta dinero.

En la actualidad existen herramientas que permiten hacer pases a producción, "despliegues de código en ambientes productivos" de forma automática, y hasta inteligentes, con sistemas de respaldos y de rollback por si hay errores.

En las siguientes páginas mostraremos las herramientas y plataformas actuales y más poderosas que favorecen los pases a producción.

AWS Elastic Beanstalk

Es una forma fácil de mantener implementaciones de aplicaciones dentro del ecosistema de Amazon Web Service, AWS Beanstalk permite la implementación de aplicaciones escritas en muchos idiomas diferentes, incluidos PHP, .NET, Ruby, Java, Node.js, Python, y tiene soporte nativo de Docker para varios servidores web y de aplicaciones como Apache, Tomcat, IIS, Nginx, etc.

Características claves:

* Servicio gratuito donde pagas por los recursos provisionados por el entorno Beanstalk.
* Administrará de manera automática la implementación, desde el aprovisionamiento de la capacidad, el equilibrio de carga y el escalado

automático hasta la monitorización del estado de la aplicación.

* Implementación fácil y rápida.
* Integración con otros servicios de AWS como Autoscaling, Elastic Load Balancer, SNS, CloudWatch, RDS, etc.
* Notificaciones de CloudWatch y SNS en caso de cualquier problema.
* Fácil acceso a los registros de la aplicación y del sistema, incluso sin iniciar sesión en las instancias.
* Es un servicio que facilita la carga de la implementación y la administración de la configuración a procesos automáticos.

Ansible

Es un software de automatización que puede ser usado para Gestión de la Configuración, además de la orquestación de software y de infraestructura, similar a otras como Puppet o Chef.

Características claves:

* No necesita agentes desplegados en las instancias finales (solo Python en los nodos).
* Son definidos en archivos relativamente fáciles llamados "Playbooks". Escritos en formato YAML.

- ✳ Admite aprovisionamiento en la nube.
- ✳ Tiene una comunidad muy activa y existe mucha documentación.
- ✳ Está disponible en muchas distribuciones de Linux.

Kubernetes

 Es una plataforma de administración y de orquestación de servicios y aplicaciones, es de lenguaje declarativo y enfocada a manipular de contenedores de Docker, es más parecido a un sistema de clúster donde se puede administrar las redes, el almacenamiento, el escalamiento, el balance de carga y el despliegue y destrucción de aplicaciones.

Características claves:

- ✳ Puede desplegar cualquier tipo de aplicación siempre y cuando esté en Docker.
- ✳ Maneja fácilmente aplicaciones sin estados y procesadores de datos.
- ✳ No compila y despliega código fuente, despliegue Docker y se puede integrar con cualquier herramienta CI/CD para obtener las configuraciones de despliegue

* No provee servicios en capa de aplicación como middleware (por ejemplo, buses de mensaje), frameworks de procesamiento de datos (como Spark), bases de datos (como MySQL).
* Ninguna de las aplicaciones por default de Docker son obligatorias, se pueden cambiar por otras en cualquier momento.
* No provee ni obliga a usar un sistema o lenguaje de configuración.
* Ofrece una API declarativa que puede ser usada con cualquier forma de especificación declarativa.
* Actualmente soportado por las plataformas Cloud más importantes.

Elastic Container Service (ECS)

 Es un servicio de administración de contenedores de alta disponibilidad fácil de administrar y compatible con muchos servicios de AWS, parecidos a un clúster donde se administra el lanzamiento de aplicaciones, monitoreo métricas y logs de aplicaciones, el balanceo de carga y el autoescalamiento. Su poder se encuentra en la estabilidad, la fácil configuración y adaptabilidad a herramientas de terceros .

Características claves:

* * ECS se encarga de administrar los servidores
* * Delega el autoescalamiento y balanceo de cargas a herramientas de AWS.
* * Centralizar los logs y métricas en cloudWatch.
* * Se puede configurar alertas y notificaciones.
* * Fácil de manipular con herramientas CI/CD.
* * Tiene una API y SDK robusto, fácil de integrar a cualquier lenguaje.
* * Se puede lanzar cualquier número de una misma aplicación y ECS se encarga de proporcionarle el lugar ideal para que este se puede ejecutar.

Google Kubernetes Engine (GKE)

 Google Kubernetes Engine Es la plataforma de Kubernetes como servicio de Google, lo que quiere decir que puedes empezar a usar Kubernetes y no tienes que instalar, gestionar, ni controlar tus propios clústeres de Kubernetes. Además, está sobre la infraestructura de Google, garantizando alta compatibilidad y disponibilidad con los recursos de esa plataforma.

Características claves:

* * Seguridad heredada de los servicios de GCP.

- ✳ 100% compatibilidad con todos los recursos de Kubernetes.
- ✳ No necesitas implementar tu propio Kubernetes.
- ✳ Permite administrar recursos en la nube y on-premise.
- ✳ Reemplazo automático de instancias dañadas.
- ✳ Usa un sistema optimizado para el uso de Docker.
- ✳ Tiene compatibilidad con el uso de GPU.
- ✳ Ofrece paneles útiles para los clústeres de tus proyectos y sus recursos. Con estos paneles, puedes ver, inspeccionar, gestionar y eliminar recursos de tus clústeres.

Elastic Kubernetes Service (EKS)

Es la implementación de Amazon de Kubernetes con sus tecnologías, tiene todos los beneficios de Kubernetes más la seguridad de base de Amazon IAM, también de ciertos beneficios como que Amazon se encarga automáticamente de los cambios de instancias con error y además que las instancias donde se lanzan los nodos de Kubernetes son de configuración SPOT (son hasta un 70% más baratas que las instancias a demanda).

Características claves:

* 100% compatibilidad con todos los recursos de Kubernetes
* IAM como servicio de seguridad.
* Se economiza mucho más, ya que se usa instancias Spot.
* No necesitas implementar tu propio Kubernetes.
* AWS garantiza que los canales de comunicación de los nodos están cifrados.
* Reemplazo automático de instancias dañadas.

Fase de operaciones

Es la fase enfocada a los recursos donde el software se ejecuta, la estabilización, monitoreo y la implementación de infraestructura con sus posibles actualizaciones debe ser gestionadas con herramientas capacitadas para este propósito.

Los ingenieros en esta fase debe saber crear, destruir y modificar ambientes completos para despliegues y pruebas de los diversos componentes, y también velar por la seguridad de la comunicación a nivel de hardware.

En este punto se necesita servicios y herramientas con la capacidad de facilitar el aprovisionamiento de infraestructura y el posible monitoreo de los componentes.

En las siguientes páginas te mostraré herramientas que potencian la gestión y monitoreo de los recursos en esta fase.

Vagrant

 Es una herramienta de construcción y administración de infraestructura. Ofrece un flujo de trabajo fácil de usar y se centra en la automatización. Vagrant reduce el tiempo de configuración del entorno de desarrollo.

Características claves:

* Vagrant se integra con herramientas de administración de configuración existentes como Chef, Puppet, Ansible y Salt.
* Es multiplataforma, funciona en Mac, Linux y Windows OS.
* Cree un solo archivo para proyectos que describa el tipo de máquina y software que los usuarios desean instalar.
* Ayuda a los miembros del equipo de Devops a tener un entorno de desarrollo ideal.

CloudWatch

Amazon CloudWatch es un servicio de monitoreo para los recursos en la nube de AWS y las aplicaciones que ejecuta en AWS.

Puede usar Amazon CloudWatch para recopilar y rastrear métricas, recopilar y monitorear archivos de registro, configurar alarmas y reaccionar automáticamente a los cambios en los recursos de AWS.

Amazon CloudWatch puede monitorear recursos de AWS como instancias de Amazon EC2, tablas de Amazon DynamoDB e instancias de Amazon RDS, así como métricas personalizadas generadas por sus aplicaciones y servicios, y cualquier archivo de registro que generen sus aplicaciones.

Puede usar Amazon CloudWatch para obtener visibilidad de todo el sistema sobre la utilización de recursos, el rendimiento de las aplicaciones y el estado operativo. Puede usar estos conocimientos para reaccionar y mantener su aplicación funcionando sin problemas.

Características claves:

* Amazon CloudWatch está configurado de forma inmediata para integrarse con EC2 (Elastic Compute Cloud).
* Alertas de facturación de AWS.
* Alertas de escala automática EC2.
* Tableros de control de rendimiento para instancias RDS.
* Eventos de CloudWatch para funciones Lambda o canalizaciones de datos.
* EBS : monitorea la latencia de lectura / escritura y mediciones similares.
* Instancias de base de datos RDS : monitorea métricas como espacio de almacenamiento y memoria libre.
* Colas SQS : monitorea los mensajes enviados, los mensajes recibidos y otras métricas clave.
* Temas de SNS : monitorea métricas comunes como la cantidad de mensajes publicados y entregados.
* Fácil de integrar con ECS y EKS servicios orientados al uso de Docker como servicios

CloudTrail

AWS CloudTrail es una herramienta de auditoría, monitoreo de cumplimiento y gobernanza de Amazon Web Services (AWS). Está clasificada como una herramienta de "Administración y Gobierno" en la consola de AWS.

Con CloudTrail, los propietarios de cuentas de AWS pueden asegurarse de que cada llamada API realizada a cada recurso en su cuenta de AWS se registre y escriba en un registro.

Características claves:

* Se habilita de manera predeterminada.
* Historial de eventos.
* Crear senderos personalizados.
* Habilitar y deshabilitar senderos.
* Envíos de Cloudtrails a Cloudwatch.

Chef

Se utiliza para automatizar la tarea de configurar y mantenimiento de los servidores de una empresa, y puede integrarse con plataformas basadas en la nube como Internap , Amazon Web

Service, Google Cloud Platform ,Oracle Cloud, Microsoft Azure y Rackspace para aprovisionar y configurar automáticamente nuevas máquinas, es compatible con múltiples plataformas la cual incluye AIX , RHEL/CentOS , FreeBSD , OS X, Solaris, Microsoft Windows y Ubuntu.

Características claves:

* Fomenta la implementación de infraestructura como código.
* Acelera la adopción Cloud.
* Las infraestructuras se vuelve replicable, comprobables, portátiles y auditables.
* Automatiza el proceso de gestión de configuraciones, asegurando que cada sistema esté configurado de manera correcta y consistente.
* Aplica actualizaciones dinámicamente de hardware y de aplicaciones.

Terraform

 Es un software de aprovisionamiento de infraestructura muy simple y versátil que soporta muchas plataformas Cloud, está pensado para administrar recursos y monitorear el versionamientos de estos, está hecho en un lenguaje

declarativo y se adapta a la nube donde se está desplegando.

Características claves:

- ✳ Fácil y rápido de aprender.
- ✳ Se adapta a cada recurso de la plataforma de nube donde se ejecute.
- ✳ Es capaz de guardar el estado de los recursos administrados.
- ✳ Puede calcular y mostrar qué cambios se efectuarán sobre la plataforma antes de realizarlos realmente.
- ✳ Permite tener la infraestructura como código.

Prometheus

 Es una base de datos de series de tiempo, las cuales son sistemas de bases de datos diseñados específicamente para manejar datos relacionados con el tiempo. Pero no solo es esto. Abarca todo un ecosistema de herramientas que pueden unirse a él para brindar algunas funcionalidades nuevas.

Prometheus está diseñado para monitorear objetivos, servidores, bases de datos, máquinas virtuales independientes, casi todo se puede monitorear descartando los periódicamente.

Tiene un modelo de datos simple, pero potente y un lenguaje de consulta que le permite analizar el rendimiento de sus aplicaciones e infraestructura. No intenta resolver problemas fuera del espacio de métricas, dejándolos a otras herramientas más apropiadas. Fue creado para ayudar a los desarrolladores y administradores de software en la operación de los sistemas informáticos de producción, como las aplicaciones, herramientas, bases de datos y redes que respaldan sitios web populares.

Características claves:

* Lenguaje de consulta flexible para segmentar datos de series de tiempo recopiladas para generar tablas, gráficos y alertas
* Almacena series de tiempo, secuencias de valores con marca de tiempo que pertenecen a la misma métrica y el mismo conjunto de dimensiones etiquetadas
* Almacena series temporales en memoria y también en disco local
* Tiene bibliotecas personalizadas fáciles de implementar.
* El administrador de alertas maneja las notificaciones y el silenciamiento.

Fase de Monitoreo

Esta fase es donde se hace seguimiento al comportamiento de la aplicación, y se genera datos importante sobre el uso, con esta información se pueden validar el impacto de las características antes implementadas, para así poder intuir que necesita el cliente y crear, corregir o retirar características.

El monitoreo contempla la validación de componentes o características degrada a la aplicación, el comportamiento de los componentes en producción, el procesamiento de datos generados por los usuarios, errores provocados por usuarios y cómo los usuarios están usando la aplicación, todo con el fin optimizar la aplicación y de entender cómo satisfacer al usuario final.

New Relic

 Es un servicio de rendimiento de aplicaciones web diseñado para trabajar en tiempo real con su aplicación web. La nueva infraestructura de New Relic proporciona un monitoreo de servidor flexible y dinámico, permite a los equipos operativos modernos tomar decisiones inteligentes sobre sistemas complejos, desde un centro de datos físico hasta miles de instancias de Amazon Elastic Compute Cloud (Amazon EC2) o Microsoft Azure.

Permite ver profundamente dentro de su aplicación web con respecto a la experiencia del usuario final dentro de la aplicación, hasta la línea de código.

Puedes ver los datos de rendimiento importantes de tu aplicación en New Relic, como el tiempo de respuesta del navegador por geografía y tipo de navegador, transacciones web en tiempo real, etc. New Relic funciona con todos los diferentes lenguajes de desarrollo web, funciona como un servicio para que pueda acceder desde cualquier lugar y en cualquier momento. Se puede considerar como la plomería que hace que las aplicaciones web se ejecuten más rápido.

Características claves:

* ✳ Instrumentación flexible y tablero de instrumentos.
* ✳ Orienta las respuestas apropiadas del ingeniero.
* ✳ Correlaciona el rendimiento de la aplicación con la experiencia del usuario final.
* ✳ Conecta el rendimiento de la aplicación y la infraestructura.
* ✳ Datos detallados y detallados de transacciones.
* ✳ Análisis de errores en tiempo real con herramientas de diagnóstico a pedido.
* ✳ Integración con herramientas Devops.
* ✳ Instrumentación de servicio en la nube.
* ✳ Construido a escala.

Elasticsearch

 Es una base de datos orientada a documentos diseñada para almacenar, recuperar y administrar datos orientados a documentos o semiestructurados. Cuando usa Elasticsearch, almacena datos en forma de documento JSON . Luego, los consulta para su recuperación.

No tiene esquema, utiliza algunos valores predeterminados para indexar los datos a menos que proporcione la asignación según sus necesidades. Elasticsearch utiliza Lucene StandardAnalyzer para la indexación, para la conjetura automática de tipos y para una alta precisión.

Características claves:

* Es escalable hasta petabytes de datos estructurados y no estructurados.
* Se puede usar como reemplazo de almacenes de documentos como MongoDB y RavenDB.
* Utiliza la desnormalización para mejorar el rendimiento de la búsqueda.
* Es uno de los motores de búsqueda empresariales más populares, y actualmente lo utilizan muchas grandes organizaciones como Wikipedia, The Guardian, StackOverflow, GitHub, etc.
* Es de código abierto y está disponible bajo la licencia de Apache versión 2.0.
* Todas sus funciones están expuestas como REST API.
* Es veloz y robusta, preparada para analizar búsquedas en miles de documentos.

Logstash

 Es un canal de procesamiento de datos del lado del servidor ligero y de código abierto que le permite recopilar datos de una variedad de fuentes, transformarlos sobre la marcha y enviarlos al destino deseado. Se usa con mayor frecuencia como una canalización de datos para Elasticsearch, debido a su estrecha integración con esta, sus potentes capacidades de procesamiento de registros y más de 200 complementos de código abierto pre construidos que pueden ayudarlo a indexar fácilmente sus datos.

Logstash es una buena (si no la) navaja suiza para logs. Funciona leyendo datos de muchas fuentes, procesándolos de varias maneras, luego enviándolos a uno o más destinos, el más popular es Elasticsearch.
Una vez que los registros están estructurados y almacenados en Elasticsearch, puede comenzar a buscar y visualizar con Kibana , completando Elastic Stack (anteriormente conocido como ELK Stack).

Características claves:

* Centralice el procesamiento de datos de todo tipo.
* Normalizar diferentes esquemas y formatos.

- ✳ Extienda rápidamente a formatos de registro personalizados.
- ✳ Agregue fácilmente complementos para fuentes de datos personalizadas.
- ✳ Crea estructura para datos no estructurados usando grok.
- ✳ Obtenga datos geográficos de direcciones IP.
- ✳ Cree un entorno de procesamiento más sencillo, independientemente de la fuente.
- ✳ Es compatible con cualquier distribución de Linux.

Kibana

Es una herramienta de exploración y visualización de datos de código abierto utilizada para el análisis de registros y series de tiempo, monitoreo de aplicaciones y casos de uso de inteligencia operativa. Ofrece funciones potentes y fáciles de usar, como histogramas, gráficos de líneas, gráficos circulares, mapas térmicos y soporte geo espacial incorporado.

Además, proporciona una estrecha integración con Elasticsearch , un popular motor de análisis y búsqueda, lo que hace que Kibana sea la opción predeterminada para visualizar los datos almacenados en Elasticsearch.

Kibana es una herramienta de visualización gratuita y de código abierto. Puede ejecutar Kibana localmente, en

Amazon EC2 o en Amazon Elasticsearch Service. Con implementaciones locales o de Amazon EC2, usted es responsable de aprovisionar la infraestructura, instalar el software Kibana y administrar el clúster.

Características claves:

* Puede acercar y alejar dinámicamente ciertos subconjuntos de datos, arrastrar ventanas de tiempo y profundizar en informes para obtener información procesable de los datos.
* Agregaciones y filtros pre construidos.
* Existen opciones de restricción de dato facilitando el intercambio seguro de su visualización y paneles.
* Cuenta con varios métodos para realizar búsquedas en los datos de registro.
* Permite generar rápidamente informes de su visualización o tablero.

Sentry

 Es una plataforma de monitoreo de errores alojado y de código abierto que ayuda a la productividad de todos los equipos de software al descubrir, clasificar y priorizar errores en tiempo real.

Medio millón de desarrolladores usan Sentry para obtener todo el contexto de nivel de código que necesitan para resolver problemas de manera eficiente en cada etapa del ciclo de vida de la aplicación. El servicio en la nube de Sentry admite más de 9,000 clientes, monitoreando decenas de miles de millones de excepciones cada mes desde las aplicaciones y sitios web más populares, incluidos Airbnb, PayPal, Twitter, Microsoft, Uber, Pinterest, HubSpot y el New York Times. Sentry fue fundado por líderes de productos de Dropbox y GitHub y cuenta con el respaldo de NEA y Accel.

Características claves:

* Código fuente, filtros de error, locales de pila: Sentry mejora la supervisión del rendimiento de la aplicación con trazas de pila.
* Ya sea que esté utilizando JavaScript , PHP o cualquier otro elemento intermedio , las versiones proporcionan visibilidad sobre qué errores se abordaron y cuáles se introdujeron por primera vez.
* Control dado : El ciclo de desarrollo de software puede estar lleno de ambigüedades. Los propietarios de problemas vuelven a poner el control en manos de los desarrolladores para arreglar lo que está roto en su código.
* El monitoreo en tiempo real significa datos, en tiempo real. Consulte datos de eventos sin procesar en toda su organización con Discover, el generador de consultas de Sentry.

Datadog

 Es una herramienta de monitoreo y análisis para los equipos de tecnología de la información (TI) y Devops que se puede usar para determinar las métricas de rendimiento, así como el monitoreo de eventos para infraestructura y servicios en la nube. El software puede monitorear servicios como servidores, bases de datos y herramientas.

El software de monitoreo Datadog está disponible para implementación en la premisa o como un software como un servicio (SaaS). Datadog es compatible con los sistemas operativos Windows, Linux y Mac. El soporte para proveedores de servicios en la nube incluye AWS, Microsoft Azure, Red Hat, OpenShift y Google Cloud Platform.

Características claves:

* Proporciona un equipo de TI / Devops con una vista única de su infraestructura (incluidos servidores, aplicaciones, métricas y otros servicios).
* Tableros personalizables.

* Alertas basadas en problemas críticos.
* Soporte para más de 250 integraciones de productos.
* Puede recopilar y analizar automáticamente registros , latencia y tasas de error.
* Permite el acceso a la API.
* Admite aplicaciones escritas en lenguajes como Java , Python , PHP, .NET, Go, Node y Ruby.

Hygieia

Es una iniciativa de código abierto que proporcionar un panel de Devops unificado, configurable y fácil de usar para un canal de entrega de aplicaciones de extremo a extremo que proporciona una vista consolidada casi en tiempo real de todo el pipeline de entrega.

La herramienta, que extrae datos de otras herramientas Devops en la cartera de desarrollo de una empresa, ofrece dos vistas distintas: una para ingenieros y otra para ejecutivos. Con Hygieia, los equipos de Devops obtienen una visión actualizada del estado en tiempo real de sus proyectos.

Todos los integrantes de un equipo de desarrollo, o un equipo ejecutivo, también pueden analizar el estado a su propio ritmo. Como tal, Hygieia ayuda a aumentar la transparencia en el lugar de trabajo, al tiempo que establece bucles de retroalimentación para ayudar a mejorar continuamente los procesos de desarrollo.

Características claves:

* Panel de equipo: supervisa cosas como elementos de trabajo, repositorio de código, compilaciones, elementos de calidad (pruebas unitarias, seguridad, cobertura, etc.) e implementaciones en un panel de control.
* Vista configurable: configure el tablero para mostrar los widgets más importantes para su proyecto.
* Estado en tiempo real: controle la calidad, la productividad y el trabajo en proceso en tiempo real dentro del tablero.
* Panel ejecutivo : acceda a una vista agregada de métricas clave de Devops.
* Gamificación: comparta comentarios sobre el rendimiento a nivel del widget y del panel del equipo mostrando una "calificación de estrellas".

Splunk

Es una herramienta para hacer que los data machine sean accesibles, utilizables y valiosos para todos. Ofrece inteligencia operativa a los equipos de Devops. Ayuda a las empresas a ser más productivas, competitivas y seguras.

Características clave

- ✳ Análisis de unidades de datos con información procesable
- ✳ Solución de monitoreo y análisis de próxima generación
- ✳ Ofrece una vista única y unificada de diferentes servicios de TI
- ✳ Extienda la plataforma Splunk con soluciones especialmente diseñadas para la seguridad.

Nagios

Nagios® Es otra herramienta útil para Devops. Ayuda a los equipos de Devops a encontrar y corregir problemas con la red y la infraestructura.

Características clave

- ✳ Nagios XI ayuda a monitorear componentes como aplicaciones, servicios, SO, protocolos de red.
- ✳ Proporciona monitoreo completo de los sistemas operativos de escritorio y servidor.

* Proporciona un monitoreo completo de las extensiones de administración de Java
* Permite el monitoreo de todos los componentes de infraestructura de misión crítica en cualquier sistema operativo.
* Su herramienta de gestión de registros es líder en la industria.
* Network Analyzer ayuda a identificar cuellos de botella y optimizar la utilización del ancho de banda.
* Esta herramienta simplifica el proceso de búsqueda de datos de registro.

Comunicación continua

Toda empresa de desarrollo de software debe tener mecanismos de comunicación de tiempo real y una cultura que apoye la comunicación clara directa y sincera entre sus integrantes, sin muchos protocolos ni tiempos muertos entre mensajes.

Este es una "fase" omnipresente en todo el ciclo de vida de desarrollo y más está enfocado en la cultura, ya que no se puede automatizar ni tercerizar, si un individuo de la organización no coopera o no es informado en el momento justo, esto genera problemas y retrasos. Por esto, más importante que la herramienta de comunicación se necesita una cultura donde todos compartan y colaboren entre sí, con el fin de mejorar la aplicación que están desarrollando.

En las siguientes páginas mostraré las herramientas que potencia la comunicación de los equipos y que pueden ser usadas en todo el ciclo de vida e incluir a todos los equipos de desarrollo.

Slack

 Es una herramienta de comunicación en el lugar de trabajo, su funcionalidad principal es hablar con otras personas, mediante dos métodos de chat: Canales(Chat grupal), estos pueden ser públicos o privado, el otro método es de mensajes directos DM (chat de persona a persona) que son siempre privados.

Slack es una mensajería instantánea la cual tiene muchos complementos para otras herramientas impulsando un ecosistema de integraciones de aplicaciones. Los usuarios pueden integrar casi cualquier aplicación que deseen, desde herramientas de desarrollo, como GitHub, Jenkins y StackOverflow, hasta herramientas empresariales, como Google Analytics, ServiceNow, MailChimp o SalesForce. Hay más de 1500 aplicaciones con las que Slack puede integrarse.

Características claves:

* ✳ Herramientas de colaboración.
* ✳ Espacio de trabajo colaborativo.
* ✳ Interfaz de arrastrar y soltar.
* ✳ Seguridad SSL.
* ✳ Búsqueda mejorada y centralizada en Cmd-K.
* ✳ Integración de terceros.
* ✳ Modo offline!.
* ✳ Configuraciones específicas del canal para quién puede publicar y quién es miembro.
* ✳ API actualizada para la gestión de aplicaciones. Esto permitirá a los administradores incluir en la lista blanca los ámbitos, aprobar previamente las aplicaciones en Slack Grid, así como los ámbitos de la lista negra.
* ✳ Campos de perfil personalizados
* ✳ Característica de seguridad móvil.

Basecamp

Es una herramienta de gestión de proyectos que proporciona todas las herramientas que las personas y los equipos necesitan para gestionar proyectos y colaborar. Es una aplicación basada en la nube que permite a las personas y a las empresas manejar mejor los negocios, crear más equipos autosuficientes e incluso tener menos reuniones semanales. La última versión, Basecamp 3, es un sistema que combina todas las herramientas que los equipos necesitan y las coloca en una sola plataforma. Los usuarios pueden discutir ideas, planificar campañas de marketing, compartir fotos y más, haciendo fácilmente cosas que los equipos pueden hacer juntos.

Basecamp es para empresas de todos los tamaños. Es valioso para autónomos, pequeñas tiendas, empresas medianas y empresas multinacionales. Los diferentes tipos de equipos, como el uso compartido, la distribución geográfica o el virtual, pueden beneficiarse al usarlo.

Características claves:

* La función de lista de tareas les permite crear listas de tareas para todo el trabajo que necesitan hacer.
* Pueden asignar una tarea a otro usuario y, opcionalmente, agregar una fecha de vencimiento y otros detalles necesarios.
* El software hará un seguimiento automático de las tareas vencidas.
* Los asignados reciben notificaciones sobre nuevas tareas con la herramienta Notificaciones.
* Con la función Tablero de mensajes, las conversaciones se organizan dentro de cada proyecto.
* Los usuarios pueden personalizar sus propios tipos de publicaciones, incrustar imágenes o archivos en

el mensaje, aplaudir mensajes o comentarios, y compartir con todos o seleccionar miembros del equipo.

* La herramienta Check-In le brinda al equipo una forma de proporcionar actualizaciones de estado de forma regular, con todas las respuestas incluidas en un resumen fácil de leer.

* Una interfaz intuitiva presenta todas las herramientas en un lugar central. Cada proyecto incluye un cronograma que muestra tareas pendientes y eventos obsoletos.

* También tiene Campfire, que es un chat grupal en tiempo real, una herramienta para el acceso del cliente, exclusivos Hill Charts, Pings o mensajes directos, informes y una poderosa búsqueda.

* Tiene aplicaciones para iOS, Android, Mac y plataformas de PC.

* También se integra con muchas aplicaciones de escritorio y móviles, aplicaciones de seguimiento de tiempo, facturación y contabilidad, informes, gráficos y aplicaciones de planificación, y muchas más.

Seguridad continua

En el pasado la seguridad estaba delegada y aislada a un equipo y se implementa en la etapa final de desarrollo, pero esta realidad se ajustaba a entregas más lentas, meses para una nueva característica o años para una nueva aplicación.

Ahora en la actualidad los tiempos son más cortos y un equipo puede gestionar muchas características y aplicaciones en paralelo. Por esto, la seguridad es una responsabilidad compartida integrada de extremo a extremo en todo el ciclo de vida de una aplicación.

Es una mentalidad tan importante que llevó a algunos a acuñar el término "DevSecOps" para enfatizar la necesidad de construir una base de seguridad en las iniciativas Devops.

DevSecOps es pensar siempre en la seguridad de la aplicación y la infraestructura. Pero se debe evitar que los procesos de seguridad no ralentice a los equipos seleccionando las herramientas adecuadas para integrarlas a la continuidad de la cadena de ensamblaje que ofrece Devops.

Al final la responsabilidad es de los integrantes y su cultura, debe velar por siempre conseguir la manera de asegurar las aplicaciones, la infraestructura y los datos.

Nessus

 Creado para profesionales de seguridad, por profesionales de seguridad, Nessus Professional es el estándar de facto de la industria para la evaluación de vulnerabilidades.

Nessus realiza evaluaciones en un punto en el tiempo para ayudar a los profesionales de seguridad a identificar y corregir rápida y fácilmente las vulnerabilidades, incluidas fallas de software, parches faltantes, malware y configuraciones incorrectas, en una variedad de sistemas operativos, dispositivos y aplicaciones.

Características claves:

* Políticas y plantillas preconstruidas.
* Informes personalizables.
* Funcionalidad de "repetición" grupal.
* Actualizaciones en tiempo real.
* Intuitivo.

Fortify

 HP Fortify ofrece soluciones de seguridad de aplicaciones de extremo a extremo con la flexibilidad de realizar pruebas locales y bajo demanda para cubrir todo el ciclo de vida de desarrollo de software. La garantía completa de seguridad de software con Fortify on Demand, nuestra seguridad de aplicaciones como servicio, integra pruebas de AppSec estáticas, dinámicas y móviles con monitoreo continuo para aplicaciones web en producción.

HP Fortify ofrece soluciones de seguridad de aplicaciones on-premise y on-demand para cubrir todas sus necesidades de seguridad de software, incluyendo la seguridad de Software, aplicaciones móviles y web.

Características claves:

* Pruebas de Seguridad de Aplicaciones Estáticas

* Pruebas dinámicas de Seguridad en las aplicaciones.
* Autoprotección de aplicaciones.
* Programa de seguridad de Software
* Pruebas de seguridad monitoreadas.

Evident.io

 Es un proveedor enfocado en brindar seguridad de infraestructura para Amazon Web Services (AWS). Evident Security Platform (ESP) es una solución nativa de la nube que automatiza los procesos clave de seguridad en la nube y permite la aplicación de los requisitos de políticas en toda la infraestructura de la nube AWS de una organización. Evident.io, por lo tanto, se centra en proporcionar la seguridad que requieren las empresas más grandes, pero dentro del contexto de la agilidad que ofrece la nube pública.

La Evident Security Platform (ESP) para Amazon Web Services es una oferta de seguridad como servicio que proporciona una supervisión continua y automatizada de la seguridad y una guía de remediación para infraestructuras en la nube de todos los tamaños: startups, pymes, empresas y organizaciones gubernamentales.

Características claves:

- * ESP para AWS se puede activar en minutos y aprende sobre las infraestructuras en la nube del cliente a través de la API AWS de Amazon.
- * ESP analiza casi 100 vulnerabilidades y riesgos críticos de seguridad de AWS y reúne estos datos en un tablero intuitivo. Los equipos de seguridad pueden hacer clic en problemas de seguridad de alta gravedad y recibir instrucciones completas sobre cómo solucionar estos problemas.
- * ESP permite a los equipos de seguridad en la nube escanear rápidamente incluso las infraestructuras de AWS más grandes y resolver problemas de seguridad en minutos, no semanas o meses después de su presentación.

Snort

Snort es un producto de software de seguridad de código abierto que analiza el tráfico de red en tiempo real y registra los paquetes para realizar análisis detallados utilizados para facilitar los esfuerzos de seguridad y autenticación. Snort es útil para desarrolladores u otras personas que trabajan en diferentes tipos de solución de problemas del sistema.

La herramienta de seguridad tiene tres modos diferentes:

Analizador de paquetes

Registro constante del tráfico de red para facilitar la depuración

Sistema activo de manejo de intrusiones en la red

Características claves:

* Realiza análisis de protocolo y búsqueda de contenido.
* Permite la detección de ataques basada en firmas mediante el análisis de paquetes
* Ofrece análisis de tráfico en tiempo real y registro de paquetes.
* Detecta desbordamientos de búfer, escaneos de puertos furtivos e intentos de huellas digitales del sistema operativo, etc.

HashiCorp Consul

Es una herramienta de código abierto que resuelve la mayor complejidad operativa en torno a la comunicación entre servicios, la gestión de la configuración y la segmentación de la red al proporcionar descubrimiento de servicios, comprobaciones de estado, equilibrio de carga, un gráfico de servicios, aplicación de identidad TLS mutua y un almacén de valores clave de configuración. Estas características hacen que Consul sea un panel de control ideal para una malla de servicio. Una malla de servicios es una capa de infraestructura configurable de baja latencia diseñada para manejar un alto volumen de comunicación entre procesos basada en red entre servicios de infraestructura de aplicaciones que utilizan interfaces de programación de aplicaciones (API).

Características claves:

* Proporciona una API robusta.
* Las aplicaciones pueden encontrar fácilmente los servicios de los que deberían depender utilizando DNS o HTTP.
* Utilice la clave jerárquica o el almacén de valores para la configuración dinámica.
* Proporcionar soporte para múltiples centros de datos.

Tus primeros pasos prácticos

Para iniciar con tus pipelines de despliegues conviene ir por niveles que te hagan entender cómo funciona la aplicación que deseas desplegar y como se puede ir integrando con las herramientas de CI/CD y así entender donde va al gatillador, cuando es importante usar el procesador, donde es importante notificar y así.

La siguiente lista te muestra los pasos más simples sin embargo tu te puedes saltar varios, todo depende de tu experiencia en el desarrollo de software.
Imaginemos que tenemos una aplicación web desarrollada en Node.js que queremos desplegar en una instancia virtual de Linux en Amazon Web Services (AWS). ¿Cómo podemos hacerlo?

Nivel 1 Aprendiendo los comandos

En el nivel 1, lo primero que debemos hacer es identificar los comandos necesarios para levantar nuestra aplicación y determinar cómo pasarle los datos adicionales que necesita, como credenciales o el número de puerto que usará. Podemos optar por guardar las credenciales en un archivo o pasarlas como variables de entorno del sistema operativo. En este ejemplo, usaremos un archivo .env para guardar las credenciales, y los comandos npm install y node index.js para instalar las dependencias y levantar la aplicación, respectivamente.

Con estos comandos podemos levantar la aplicación en nuestra propia computadora.

Nivel 2 Aprendiendo a Automatizar

Para el nivel 2, Debemos automatizar el proceso. Crearemos archivos que contengan los comandos para descargar las dependencias y levantar la aplicación, pero teniendo en cuenta que se ejecutarán en un ambiente en blanco, sin dependencias ni archivos de datos adicionales. Esto se debe a que, en el futuro, nuestras herramientas de integración y entrega continua (CI/CD) también descargarán el código base sin las dependencias y sin el archivo de datos, y luego lo procesarán para desplegarlo en un ambiente limpio.

Para lograr esto, crearemos un script que descargue las dependencias, obtenga el archivo de datos adicionales y finalmente levante la aplicación. Podemos probar este script en una máquina virtual en nuestra propia computadora, y obtener el código fuente mediante una herramienta de control de versiones como Git. pero para llegar a esto, primero, subimos a un repositorio de GIT, el código base sin dependencias ni archivo de datos adicional usando comandos como git push origin main, y luego ejecutamos nuestro script en una instancia virtual limpia.

Es importante recordar que el archivo de datos adicionales puede contener credenciales de bases de datos o servicios de terceros, por lo que es importante asegurarse de que se almacene de forma segura y protegida. Podemos almacenarlo en un servicio privado o construirlo al vuelo durante el proceso de despliegue.

Al inicio podemos dejarlo en el repositorio de git pero recuerda que esto es para practicar nunca dejes este archivo en un lugar así cuando trabajes en un proyecto real.

Con estos pasos, lograremos desplegar nuestra aplicación en una instancia virtual de Linux en AWS de forma automatizada y segura.

Si te das cuenta ya estás haciendo algo de forma "automática" ahora ya podemos pasar al nivel 3.

Nivel 3 de usar CI/CD

Ahora que conocemos los pasos para levantar nuestra aplicación en un ambiente nuevo y ya contamos con algunos procesos automáticos, es momento de que una herramienta de CI/CD haga el trabajo por nosotros. El siguiente paso es utilizar una herramienta que podamos instalar en nuestra propia PC local, como Jenkins. La idea es entender cómo estas herramientas pueden integrarse con el repositorio de GIT. Específicamente, necesitamos hacer un git push y nuestra herramienta debe detectarlo e iniciar el proceso de despliegue. Normalmente esto no es difícil, ya que herramientas como Jenkins están capacitadas para hacer un git pull de forma automática cuando se produce un cambio en el código del repositorio. De hecho, la mayoría de las herramientas tienen una forma preconfigurada de integrar GIT y poder hacer esta función.

Los pasos son muy similares a los siguientes: primero, instalamos la aplicación en nuestra PC local. Luego, creamos una tarea o trabajo en la herramienta de CI/CD donde configuramos que descargue el código fuente desde una dirección de GIT. Debemos configurar las credenciales para que esta nueva herramienta pueda acceder a nuestro repositorio y agregar los códigos de nuestro archivo automatizado del paso anterior. Es importante recordar que si la herramienta hace la descarga del código, entonces no debemos hacerla nosotros. Pero si la herramienta no puede o no pudiste integrarlas, entonces puedes usar los comandos de git pull que agregaste en el paso anterior a tu script automatizado.

Un siguiente paso es apuntar nuestra herramienta a la VM donde queremos desplegar la aplicación. Para esto, debemos hacer que nuestra herramienta tenga la posibilidad de lanzar comandos de bash dentro de nuestra VM, lo que quizás nos obligue a utilizar el protocolo SSH y llaves, aunque en casos reales pocas veces se usarán SSH para las herramientas de despliegue automático. Es importante destacar que aunque SSH no aportan directamente al CI/CD, permite entender como una herramienta de CI/CD puede conectarse con un ambiente final y lo configura.

También es importante tener en cuenta que al realizar la implementación en tu VM, pueden surgir problemas que no ocurren en tú ambiente local ya que faltan algunas dependencias, programas instalados o credenciales. Estas son cuestiones que debes resolver de manera automática para que tu pipeline pueda ejecutar paso a paso cada uno de los procesos necesarios para corregir lo que falta. Si se necesitan programas que no están instalados, tu herramienta debe instalarlos automáticamente, y si faltan credenciales, debes proporcionarle a la herramienta sin modificar la VM base. Es importante que la VM se mantenga limpia con lo mínimo necesario y que la herramienta se encargue de instalar todo lo demás.

Nivel 4 Creando un ambiente en la nube

Podemos hablar de dos formas de usar una VM: en local o en una plataforma cloud. La VM en la plataforma cloud es básicamente una máquina con sistema operativo y acceso a internet que es controlada por alguien más. Para usarla en conjunto con una herramienta de CI/CD, debes conectarla de manera similar a como lo hiciste con la VM local.

En el caso de una VM en la nube, se recomienda utilizar una herramienta que te permita mover tus artefactos desde GIT hasta el disco de la VM sin tener que acceder manualmente a la máquina. Es importante que al principio puedas acceder a la VM para instalar agentes o aplicaciones que permitan la conexión con la herramienta de CI/CD, pero después de esto no deberías tener que tocar la VM.

Para lograr esto, se recomienda utilizar herramientas de CI/CD en plataformas como AWS. En AWS, puedes usar AWS CodeBuild con AWS CodeDeploy para tomar el código de Git, procesarlo y luego moverlo a una instancia de EC2 en la nube. De esta manera, puedes automatizar todo el proceso de despliegue sin tener que preocuparte por la VM en la nube y sin tener que acceder manualmente a ella.

Una vez llegado a este punto, notarás que al descargar el código en CodeBuild solo tendrás que aplicar los pasos que definiste anteriormente para configurar tu ambiente, tales como la instalación de Node.js, NPM y la descarga de dependencias con el comando "npm install". Sin embargo, el último comando "node index.js" o cualquier otro comando de ejecución que hayas descubierto en el nivel anterior no se puede usar aquí.

Esto se debe a que la herramienta CodeBuild construye en un ambiente aislado, no en tu VM final. Por lo tanto, necesitamos utilizar CodeDeploy para mover los archivos a la instancia de AWS, que es tu VM final. En este punto, CodeDeploy sí debería ejecutar el comando de ejecución al final, después de haber movido los archivos.

Niveles más avanzados

Una vez completados los pasos anteriores, ya tienes una base sólida para trabajar en entornos más complejos. Puedes agregar diferentes herramientas como Docker, Kubernetes o ECS como ambiente final, emplear herramientas de gestión de secretos para guardar tus credenciales, extraer las dependencias de una herramienta de gestión de dependencias, añadir pruebas, análisis de código y mucho más.

En las empresas, podemos encontrar cualquier combinación de herramientas, lo que puede resultar abrumador e imposible de entender en su totalidad. Sin embargo, lo importante es saber cómo usar estas herramientas y adaptarlas a las necesidades de tu proyecto y equipo. Continúa explorando y aprendiendo para mejorar tus habilidades en CI/CD y llevar tus proyectos al siguiente nivel.

Ejemplos prácticos

Implementación de un pipeline de CI/CD en una aplicación web

La implementación de un pipeline para una aplicación Web puede ser muy compleja porque puede tener muchas partes, pero para este ejemplo voy a acotar a una web que tenga solo 3 piezas importantes, un Backend, un Frontend y una sola base de datos, recuerda hay de todo en este mundo y podrías conseguirte una web que está hecha de miles de microservicios incluyendo base de datos en diferentes motores, lo cual se escapa del ejercicio que intento plantear.

Una página web con una sola base de datos, un Backend y un Frontend

* Despliegue de una aplicación Backend
* Despliegue de una aplicación Frontend

Despliegue de una aplicación Backend

Para asegurarnos de tener un plan sólido para el despliegue de nuestra aplicación Backend, es importante definir claramente los aspectos clave, como el lenguaje de programación, las herramientas utilizadas y los comandos necesarios. En este caso, vamos a considerar el siguiente escenario:

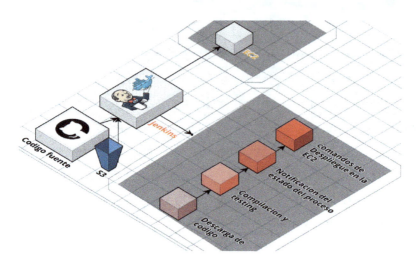

* Lenguaje de programación: Golang. Hemos decidido utilizar Go para desarrollar nuestra aplicación Backend.
* Plataforma de alojamiento: AWS EC2. Vamos a lanzar nuestra aplicación en una instancia de Amazon Web Services EC2.
* Herramienta de integración continua: Jenkins. Utilizaremos Jenkins como herramienta de CI/CD para automatizar el proceso de compilación y despliegue.
* Control de versiones: Git en Github. Utilizaremos un repositorio Git alojado en Github para gestionar el código fuente de nuestra aplicación.

A continuación, vamos a definir los comandos necesarios para el despliegue:

1. Compilación de la aplicación:
   - Comando: go build

- Descripción: Este comando compilará nuestro código fuente de Go y generará un ejecutable de la aplicación.
2. Ejecución de la aplicación:
    - Comando: ./main

    - Descripción: debido a que al compilar construimos un ejecutable, basta con correr ese ejecutable sin necesidad de los archivos de código fuente, lo que hace mucho más fácil transportar la aplicación de un servidor a otro.

3. Gestión de las credenciales de la base de datos:
    - Configuración: Crearemos un archivo de configuración que contendrá la información de conexión y las credenciales de la base de datos; que en la gráfica podemos poner en el servicio de AWS S3.

    -

    - Proceso de compilación: Durante el proceso de compilación de la aplicación, adjuntaremos este archivo de configuración para que forme parte del ejecutable final.

Una vez que tengamos estos elementos definidos, podremos utilizar Jenkins para automatizar el proceso de compilación y despliegue de nuestra aplicación en la instancia de AWS EC2. Jenkins nos permitirá configurar un flujo de trabajo que incluya la compilación del código fuente, la ejecución de pruebas, la creación del ejecutable y la implementación en el entorno de producción.

Recuerda que estos son solo ejemplos y que los comandos y herramientas pueden variar según tus necesidades y preferencias. Es importante adaptarlos a tu contexto y asegurarse de que sean coherentes con las tecnologías y plataformas que estás utilizando.

¡Escanéame!

Te dejo un QR para que puedas ir a un video donde explico este despliegue, no olvides ver la descripción donde más información y otros videos.

Despliegue de una aplicación Frontend

En el caso del Frontend, vamos a desarrollar una aplicación que se ejecutará en un servidor web convencional. Esto significa que podemos utilizar cualquier tecnología que nos permita servir archivos estáticos, ya que no necesitamos procesar información adicional. En este caso:

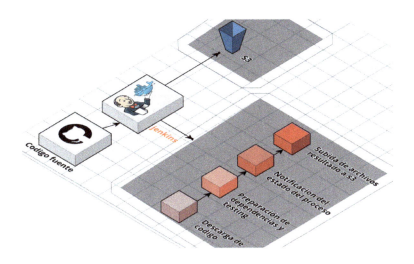

* Lenguaje de programación: javascript, utilizaremos React, una popular biblioteca de JavaScript para construir interfaces de usuario interactivas.
* Plataforma de alojamiento: AWS S3. Vamos a lanzar nuestra aplicación en un bucket de AWS S3 ya que no necesitamos poder de computo.
* Herramienta de integración continua: Jenkins. Utilizaremos Jenkins como herramienta de CI/CD para automatizar el proceso de compilación y despliegue.
* Control de versiones: Git en Github. Utilizaremos un repositorio Git alojado en Github para gestionar el código fuente de nuestra aplicación.

A continuación, vamos a definir los comandos necesarios para el despliegue:

1. Preparación de la aplicación:
   o Comando: npm install

- Descripción: Este comando descarga todas las dependencias en una carpeta y dejará el entorno preparado para la compilación.
2. Compilación de la aplicación:
   - Comando: npm run build
   - Descripción: Este comando prepara nuestro código para que pueda funcionar en el bucket de S3.
3. Ejecución de la aplicación:
   - Comando: no aplica
   - Descripción: El paso de ejecución de la aplicación Frontend se delegó a AWS S3 como servidor de contenido estático. Por lo tanto, una vez que los archivos estén en el bucket de S3, la aplicación estará disponible para ser accesible y utilizada a través de la URL proporcionada por S3.

Al igual que en el caso anterior, los archivos fuente de nuestra aplicación Frontend estarán alojados en un repositorio de GitHub. En el archivo package.json, encontraremos todas las dependencias de la aplicación. Para descargar y preparar el entorno de trabajo, simplemente ejecutaremos el comando npm install.

Una vez que las dependencias estén instaladas, utilizaremos el comando npm run build para tener lista la aplicación. Este proceso generará los archivos resultantes que deben ser desplegados en el servidor de contenido estático. En mi caso, he elegido AWS S3 como servidor de contenido estático.

Es importante tener en cuenta que el bucket de S3 debe estar configurado como un servidor de páginas web estáticas para que nuestra aplicación funcione correctamente. De lo contrario, no podremos visualizar la página web, aunque tengamos configurado correctamente nuestro pipeline y nuestra aplicación esté preparada adecuadamente.

En este caso, nuestro pipeline está configurado en Jenkins y deberá tener acceso a AWS S3. Además, debemos asegurarnos de que esté configurado para utilizar el AWS CLI, una interfaz de línea de comandos que nos permitirá interactuar con los servicios de AWS, incluido S3.

¡Escanéame!

Te dejo un QR para que puedas ir a un video donde explico este despliegue, no olvides ver la descripción donde más información y otros videos.

Despliegue de una aplicación Backend en ECS

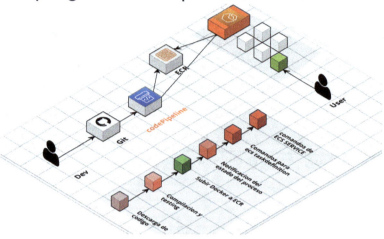

Imaginemos el siguiente escenario: previamente hemos desplegado una aplicación en una instancia de AWS EC2, es decir, la hemos alojado en una máquina virtual básica. Ahora vamos a realizar prácticamente lo mismo,PERO remplazaremos el EC2 por un cluster de ECS, un servicio que gestiona contenedores llamado Docker (para obtener más información sobre este servicio, consulta la sección de herramientas de despliegue Elastic Container Service, ECS).

Tomaremos nuestra aplicación y la encapsularemos en un contenedor Docker. Posteriormente, la subiremos a un servicio de registro de contenedores como Elastic Container Registry (ECR) y, a continuación, utilizaremos archivos JSON para configurar un clúster de ECS y desplegar la aplicación en él.

Para que ECS funcione correctamente, es necesario definir dos objetos en archivos JSON: la definición de tareas (task definition) y el servicio ECS (ECS service). La idea consiste en configurar ambos objetos para que ECS pueda tomar la imagen de Docker que hemos creado y ejecutarla en su interior.

Elastic Container Service (ECS) ofrece una gestión integral para tu aplicación, proporcionándole recursos y permitiendo escalarla según sea necesario. ECS puede trabajar tanto con instancias EC2 como en un entorno sin servidor (serverless).

En nuestro pipeline de CI/CD, es importante considerar dos aspectos clave. Primero, la creación de un contenedor Docker y su correspondiente registro en un registro de contenedores. Segundo, la configuración del task definition y del servicio dentro de nuestro clúster de ECS. Aunque pueda sonar complicado, te aseguro que no lo es. ECS se encarga del despliegue de forma automática, simplemente debes indicarle qué deseas desplegar.

¡Escanéame!

Te dejo un QR para que puedas ir a un video donde explico este despliegue, no olvides ver la descripción donde más información y otros videos.

Despliegue aplicación Serverless

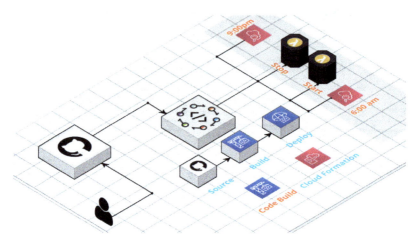

En la actualidad, existen excelentes herramientas que facilitan la construcción y el lanzamiento de software en entornos Serverless. Para ilustrar esto, imaginemos un escenario en el que necesitamos lanzar dos funciones AWS Lambda. Una función se encargará de apagar una instancia de AWS EC2, mientras que la otra función la encenderá. Además, ambas funciones estarán asociadas a un cron que determinará la hora en la que se deben apagar o encender las máquinas virtuales.

Para llevar a cabo el lanzamiento de estas dos funciones y sus respectivos cron jobs (utilizando AWS EventBridge), es necesario escribir la infraestructura requerida y también el código correspondiente, y luego vincularlos en un proceso de CI/CD.

En este caso, el CI/CD (Continuous Integration/ Continuous Deployment) se encarga de integrar el código escrito para las funciones Lambda y los cron jobs, y desplegarlos de manera automática en el entorno Serverless. De esta forma, se establece una conexión fluida entre el desarrollo de software y su lanzamiento, asegurando que los cambios realizados en el código se implementen de manera segura y eficiente en la infraestructura necesaria.

- Lenguaje de programación: javascript, usaremos dos funciones escritas en javascript usando una biblioteca de funciones de aws llamada boto3.
- Herramienta de despliegue: usaremos Cloudformation con code Start para crear las lambdas y los AWS EventBridge.
- Plataforma de alojamiento: AWS lambda, lambdas es un servicio Serverless que nos permite ejecutar código, es genial para procesos rápidos y pequeños.
- Herramienta de integración continua: CodeStar con CodeBuild. Utilizaremos estas herramientas junto con Cloudformation para todo el proceso de CI/CD.
- Control de versiones: Git en github. Utilizaremos un repositorio Git alojado en github para gestionar el código fuente de nuestra aplicación.

A continuación, vamos a definir los comandos necesarios para el despliegue:

1. Preparación de la aplicación:
   - Comando: npm install
   - Descripción: podriamos usar npm install si necesitáramos descargar modulos pero como los componentes son tan pequeño no será necesario.
2. Compilación de la aplicación:
   - Comando: git push
   - Descripción: code star funciona como todo en uno bastaría con subir todo al repositorio de Git y code start lo desplegará automáticamente.
3. Ejecución de la aplicación:
   - Comando: no aplica

Descripción: AWS ha creado code star como herramienta todo en uno donde podrás configurar un proyecto y de forma automática quedara preparada para lanzar tus lambdas, lo único que deberás saber para el despliegue es Git y Cloudformation.

Te dejo un QR para que puedas ir a un video donde explico este despliegue, no olvides ver la descripción donde más información y otros videos.

Tu CI/CD tiene que ir más allá:

Hasta ahora te he comentado que el CI solo tiene un propósito y es su propósito principal, pero no debería ser lo único que haga tu pipeline, tenemos que ir más allá.

¿Cómo podemos ir más allá?

Tu integración debe hacer pruebas sobre el código, y que clase de pruebas te preguntaras, de todo lo que puedas y tambien ajustado a el proyecto que deseas desplegar. Debes asegurar la calidad, debes implementar lo mínimo necesario para asegurar la calidad, y en el mercado hay de todo, así que deberías hacer la tarea, de investigar que se adapta a tu código y a tu software.

Te ayudo un poco dándote algunos adelantos para que sepas qué investigar:

* Unit Testing
* Dependency scanning
* Container Scanning
* SAST — Static Application Security Testing
* DAST — Dynamic Application Security Testing
* IAST — Interactive Application Security Testing
* Análisis de dependencias: OWASP Dependency Check
* Análisis estático de seguridad: Shift Left Scan
* Análisis de infraestructura de contenedores: Clair
* Análisis dinámico de seguridad: OWASP ZAP

Recomendaciones para una implementación exitosa

En la siguiente lista te doy un resumen en formato lista de las recomendaciones para una implementación exitosa, pero recuerda que cada implementación puede ser única, por lo que es importante adaptar estas recomendaciones a las necesidades y características específicas de tu proyecto.

* Definir claramente los objetivos: Antes de comenzar, establece los objetivos específicos que deseas lograr con la implementación de los pipelines de CI/CD. Esto te ayudará a mantener el enfoque y asegurarte de que estás abordando las necesidades clave de tu proyecto.
* Automatizar todo lo posible: Busca oportunidades para automatizar tareas en el proceso de desarrollo y despliegue, como la compilación, las pruebas y el despliegue de aplicaciones. La automatización mejora la eficiencia, reduce errores y acelera el tiempo de entrega.
* Seleccionar las herramientas adecuadas: Investiga y elige cuidadosamente las herramientas y tecnologías que se adapten a tus necesidades y tecnologías utilizadas en tu proyecto. Asegúrate de que sean compatibles, tengan una comunidad activa y una buena documentación.

* Mantener una buena cultura de colaboración: Fomenta la colaboración entre los equipos de desarrollo, operaciones y calidad. El trabajo en equipo y la comunicación efectiva son fundamentales para una implementación exitosa de los pipelines de CI/CD.
* Pruebas exhaustivas: Dedica tiempo y esfuerzo a la definición y automatización de pruebas, tanto unitarias como de integración. Las pruebas sólidas garantizan la calidad del software y reducen la posibilidad de errores en producción.
* Seguridad en el pipeline: Asegúrate de que el pipeline de CI/CD esté protegido y cumpla con los estándares de seguridad. Implementa medidas de autenticación y autorización adecuadas para garantizar que solo las personas autorizadas tengan acceso al pipeline y sus recursos.
* Evaluación y mejora continua: Realiza evaluaciones periódicas del pipeline para identificar áreas de mejora y optimización. Analiza los resultados, busca oportunidades de mejora y ajusta el proceso en consecuencia.
* Documentación adecuada: Mantén una documentación clara y actualizada sobre la configuración, las dependencias y los pasos clave del pipeline de CI/CD. Esto facilitará el mantenimiento, la colaboración y el conocimiento compartido en el equipo.
* Monitoreo y análisis de resultados: Implementa mecanismos de monitoreo para supervisar el

rendimiento del pipeline y los resultados del despliegue. Utiliza métricas y análisis para identificar posibles cuellos de botella y áreas de mejora.

* Aprender de la experiencia: Fomenta una mentalidad de aprendizaje continuo y mejora. Analiza los éxitos y desafíos de cada implementación y utiliza esa experiencia para mejorar futuros pipelines y procesos.

Conclusiones

Un pipeline de CI/CD es una práctica de desarrollo de software que combina la integración continua (CI) y la entrega continua o despliegue continuo (CD) para automatizar y agilizar el proceso de construcción, pruebas y despliegue de aplicaciones.

En un pipeline de CI/CD, se utilizan herramientas y tecnologías para automatizar tareas como la compilación, las pruebas unitarias, las pruebas de integración, el empaquetado de aplicaciones y el despliegue en entornos de desarrollo, pruebas y producción.

Algunos elementos clave de un pipeline de CI/CD incluyen la integración con herramientas de control de versiones, la definición y automatización de pruebas, la configuración de seguridad, la identificación de áreas de mejora, el monitoreo y análisis de resultados, y la definición de etapas y despliegue de la aplicación.

Es importante seleccionar cuidadosamente las herramientas adecuadas para el pipeline, considerando aspectos como la compatibilidad con las tecnologías utilizadas, la capacidad de integración, la comunidad de usuarios y la documentación disponible.

La infraestructura como código (IC) es una práctica esencial en el desarrollo de pipelines de CI/CD. Permite definir y gestionar la infraestructura de forma automatizada y repetible, utilizando scripts o archivos que describen la configuración de la infraestructura.

El pipeline de CI/CD debe ser evaluado constantemente para identificar áreas de mejora. Esto implica analizar los resultados obtenidos en cada etapa del pipeline, ajustar configuraciones, optimizar tiempos de ejecución y buscar formas de mejorar la calidad y eficiencia del proceso.

La trazabilidad y el monitoreo son aspectos fundamentales en un pipeline de CI/CD. Los registros y la centralización de los registros en un solo lugar facilitan la identificación y resolución de problemas cuando surgen, y es importante proteger los registros de accesos no autorizados y guardarlos durante un tiempo determinado para su posterior análisis.

Los pipelines de CI/CD son una práctica esencial en el desarrollo de software moderno. Automatizan y aceleran el proceso de construcción, pruebas y despliegue de aplicaciones, mejorando la calidad, la eficiencia y la confiabilidad del desarrollo. La elección de herramientas adecuadas, la implementación de buenas prácticas y la evaluación constante son clave para lograr pipelines robustos y exitosos.

Acerca del autor

Jaivic Villegas es un ingeniero en informática con una destacada trayectoria en el área de automatización y DevOps. Su experiencia abarca varios años en los que ha adquirido un amplio conocimiento sobre cloud computing. Además, su pasión por compartir sus ideas y experiencias lo ha llevado a redactar numerosos artículos especializados en el tema. Además, Jaivic ha publicado con entusiasmo tres libros sobre DevOps, consolidándose como un referente en esta área. Su dedicación y compromiso son evidentes en cada una de sus publicaciones, siempre dispuesto a difundir su conocimiento y motivar a otros profesionales.